訪日中国人から見た中国と日本
―インバウンドのあり方―

張 兵 著

日本僑報社

まえがき

　人口減少、少子高齢化が急速に進んでいる日本においては、経済の活性化や地方創生などが緊迫な課題として求められ、その切り札は何かについて関心が高まっている。そこで、大いに注目を集めるのが観光振興による経済効果ということである。国が「観光立国」という戦略方針を前面に打ち出しているように、観光は日本の重要な基幹産業の1つとして期待されている。

　観光は大きく「アウトバウンド」(Outbound　海外旅行)、「インバウンド」(Inbound　訪日旅行)、「イントラバウンド」(Intrabound　国内旅行)の3つに区分することができるが、今特に注目されているのは「インバウンド」すなわち日本を訪れる外国人旅行者のことである。国内定住人口の減少、少子高齢化が深刻化しつつあるに伴い、国内旅行及び日本人の海外旅行が低迷しているのに対して、外国人の訪日旅行が活発な様相を呈しているのである。日本人国内延べ旅行者数は2010年の6億3,159万人から2014年に5億9,522万人、日本人海外旅行者数は2010年の1,664万人から2015年に1,621万人に減少したのに対して、訪日外国人旅行者数は2010年に861万人であったが、2015年には海外旅行日本人の数を上回って1,974万人に達し、その旅行消費額は3兆円の大台を超えて3兆4,771億円に達している。

　訪日外国人旅行者は全体的に増え続けているが、その8割が中国をはじめとするアジア諸国・地域から来る人である。2015年、アジア人旅行者は1,637万人で訪日外国人旅行者全体の83%を占めており、うち中国人旅行者は499万人で同25%を占めている。旅行消費額を見ると、2015年、中国、台湾、韓国、香港といった東アジア4市場の訪日旅行消費は2兆5,016億円で訪日外国人旅行消費総額の72%を占めており、うち中国が1兆4,174億円で同41%を占めている。「爆買い」が流行語にもなっているように、訪日中国人による旺盛な購買力が日本の社会経済に大きなインパクトをもたらしている。実は、2012年以降、中国の海外旅行者数と国際観光支出のいずれも世界第1位であり、2015年、中国の海外旅行者数は延べ1億2,000万人にも及び、その旅行消費額は1.5兆

元（約 25.8 兆円）に及んでいる。

　外国からの観光客誘致による交流人口の増加は日本における人口減、少子高齢化問題の有効な解決策の１つであると考えられるが、海外観光客誘致による交流人口増加のカギを握るのが訪日中国人をはじめとするアジア諸国・地域から来る人であると言えよう。

　本書は、中国人訪日旅行について実証的に考察するものである。訪日中国人に関する研究は多数あるものの（巻末の参考文献参照）、その多くは、「爆買い」や情報の発信など特定の項目に焦点を合わせた報道的または実務的なものであり、マクロ的で実証的な研究は管見の限りまだそれほど多くはない。本書は公表されている各種のデータに基づき、中国人訪日旅行の現状と未来、またその背景となる中国の諸事情について概観し、あわせて訪日中国人から見た日本及び日本におけるインバウンドのあり方について考察、議論を行うことにする。

　以下、第１章では、訪日外国人旅行者の増加について訪日外国人全体、訪日アジア人、訪日中国人の３つに分けて解説するとともに、そのインパクトについて経済効果と国際理解の視点から分析する。訪日外国人旅行者の増加は、日本における経済活性化と地方創生の切り札であり、また、外国人による日本への理解の増進や日本のソフトパワーの向上にもプラスの影響をもたらすと提起する。訪日中国人については、その人数と旅行消費額の推移を近年のデータを使って明らかにし、その急速な拡大が訪日外国人旅行者数及び旅行消費額増加の牽引役となっていることを示す。

　第２章では、訪日中国人急増の背景について、中国における改革開放以降急速な経済成長と国民所得の上昇、円安及び格安航空サービスの普及による旅行費用の低減、中日観光関連法政策の整備と海外旅行に関する規制の緩和、の３つを挙げて考察する。特に中国における観光関連法政策の整備、日本における観光立国の実現に向けた取組、日本の中国人入国規制の緩和について詳しく説明する。

　第３章では、訪日中国人は中国のどこから来ているかについての考察を通じて、中国には大きな地域格差があることを明らかにする。それは主に沿岸部と内陸部の格差、都市部と農村部の格差に表れており、経済力と国際観光力のいずれにおいても、沿岸部と都市部がリードしていることが

示される。

　第4章では、訪日中国人「爆買い」の実態と背景を多くのデータを使って明確にする上で、その今後の展望について分析を行う。経済成長による個人所得の上昇、日本製品の品質に対する根強い信頼感、円安などによる価格の割安感、消費税免税制度改正によるお得感が「爆買い」の主な要因であり、これらの要因が存在する限り、「爆買い」はこれからも続いていくことが明らかになるはずである。

　第5章では、訪日中国人は日本のどこを訪れているか、何をしに来ているか、旅行情報をどう取得しているかなどについて考察する。ゴールデンルートへの集中状況、買物以外の日本での楽しみ、旅行におけるインターネットの重要性、ブログ投稿から見た人気観光地などが示される。

　第6章では、中国人の日本イメージはどういうものか、訪日でそれがどう変わっているのか、従来持たれている中国人の典型的日本観や世論調査から見た最近の中国人の日本に対する印象、訪日中国人から見た日本、在日中国人が見た日本などさまざまな角度から観察し、明らかにする。

　第7章は展望として、日本における人口及び旅行市場の現在と将来、アジア諸国の人口及び旅行市場の現在と将来、中国人をはじめとする訪日外国人旅行者拡大に向けての課題を概観する。日本政府に打ち出された「観光先進国」に向けての新たな目標の実現可能性及びそれにおける訪日中国人誘致の重要性を言及し、結びとする。

　訪日中国人に関する本格的な研究はまだ少ないなか、本書がそれを知るための一助になれば大変嬉しく思う。また、訪日外国人全体の動向についても豊富な資料と図表を用いてわかりやすく、コンパクトにまとめており、インバウンド観光に関心のある方にも参考にしていただければ幸いである。

　最後になったが、本書の出版にあたっては日本僑報社の段躍中編集長に大変お世話になった。心から感謝の意を申し述べたい。

目　次

まえがき ・・・ iii

第1章　訪日外国人の急増とそのインパクト ・・・・・・・・・ 1

1　訪日外国人旅行者の増加とそのインパクト・・・・・・・・・・・・・ 2
2　訪日アジア人旅行者の増加とそのインパクト・・・・・・・・・・・ 7
3　訪日中国人旅行者の増加とそのインパクト・・・・・・・・・・・・ 10

第2章　訪日中国人急増の背景・・・・・・・・・・・・・・・・・・・・・・ 15

1　改革開放以降急速な経済成長と国民所得の上昇・・・・・・・・・ 16
2　円安及び格安航空サービスの普及による旅行費用の低減・・・ 20
3　中日観光関連法政策の整備と海外旅行に関する規制の緩和・23
　(1) 中国における観光関連法政策の整備 ・・・・・・・・・・・・・・・・ 23
　(2) 日本における観光立国の実現に向けた取組 ・・・・・・・・・・・ 25
　(3) 日本の中国人入国規制の緩和 ・・・・・・・・・・・・・・・・・・・・ 30
　(4) 国主導の日中観光交流の展開 ・・・・・・・・・・・・・・・・・・・・ 33

第3章　訪日中国人は中国のどこから来ているか・・・・・・・ 37

1　中国はどんな国・・・・・・・・・・・・・・・・・・・・・・・・・・・・・・ 38
2　省別に見る中国の国際観光力・・・・・・・・・・・・・・・・・・・・・ 42
3　都市別に見る中国の国際観光力・・・・・・・・・・・・・・・・・・・・ 44

第4章　訪日中国人「爆買い」の実態と展望・・・・・・・・・・ 55

1　すさまじい中国人旅行者の購買力・・・・・・・・・・・・・・・・・・ 56
2　「爆買い」の背景・・・・・・・・・・・・・・・・・・・・・・・・・・・・・ 65

(1) 経済成長による個人所得の上昇・・・・・・・・・・・・・・・・ 65

(2) 日本製品の品質に対する根強い信頼感・・・・・・・・・・・ 66

(3) 円安などによる価格の割安感・・・・・・・・・・・・・・・・・ 68

(4) 消費税免税制度改正によるお得感・・・・・・・・・・・・・ 68

3 「爆買い」はいつまで続くのか・・・・・・・・・・・・・・・・・・・70

第5章　訪日中国人はどこを訪れているか・・・・・・・・・・・ 75

1 都道府県別訪問率とゴールデンルート・・・・・・・・・・・・・・76

2 訪日中国人の旅行内容及びその満足度・・・・・・・・・・・・・80

3 訪日旅行ブログに見る人気観光地・・・・・・・・・・・・・・・・88

第6章　訪日中国人の日本イメージ・・・・・・・・・・・・・・・ 91

1 中国人の日本イメージの形成―中国人の著作に見る日本観・92

(1) 中国正史に描かれた日本・・・・・・・・・・・・・・・・・・・・ 92

(2) 中国における日本研究のブーム・・・・・・・・・・・・・・・ 93

(3) 中国人の著作に見る日本人観と日本文化観・・・・・・・・ 95

2 在中中国人から見た日本―中国における世論調査からわかっ
たもの・・・・・・・・・・・・・・・・・・・・・・・・・・・・・・・・・・・96

3 訪日中国人から見た日本―訪日で日本イメージはどう変わっ
ているのか・・・・・・・・・・・・・・・・・・・・・・・・・・・・・・・99

4 在日中国人から見た日本・・・・・・・・・・・・・・・・・・・・ 111

第7章　展望・・・・・・・・・・・・・・・・・・・・・・・・・・・・・115

1 日本の人口及び旅行消費額の推移・・・・・・・・・・・・・・ 116

2 アジア諸国の人口及び所得等の推移・・・・・・・・・・・・・ 119

3 訪日中国人旅行者拡大に向けての課題・・・・・・・・・・・ 123

参考文献・・・・・・・・・・・・・・・・・・・・・・・・・・・・・・・・・・ 128

図表目次

図表 1-1　訪日外国人旅行者の推移（2003 ～ 2015 年）……………………………………3

図表 1-2　訪日外国人数と出国日本人数の推移（2003 ～ 2015 年）………………………3

図表 1-3　近年における訪日外国人旅行消費額の推移（2011 ～ 2015 年）………………5

図表 1-4　訪日外国人旅行消費額の費目別構成比（2015 年）………………………………5

図表 1-5　外国人旅行者訪日前に期待していたこと（2015 年、複数回答、%）…………6

図表 1-6　外国人旅行者日本滞在中にしたこと（2015 年、複数回答、%）………………6

図表 1-7　訪日アジア人旅行者の推移（2003 ～ 2015 年）…………………………………8

図表 1-8　訪日外国人旅行者上位 5 カ国・地域の推移（2011 ～ 2015 年）………………8

図表 1-9　訪日外国人旅行消費額上位 5 カ国・地域の推移（2011 ～ 2015 年）…………9

図表 1-10　訪日中国人旅行者の推移（2003 ～ 2015 年）…………………………………10

図表 1-11　目的別訪日中国人の推移（2005 ～ 2014 年）…………………………………11

図表 1-12　訪日外国人旅行者平均滞在日数の推移（2005 ～ 2014 年）…………………11

図表 1-13　近年における訪日中国人旅行消費額の推移（2011 ～ 2015 年）……………12

図表 2-1　中国の国内総生産（GDP）と実質成長率の推移（1978 ～ 2014 年）………17

図表 2-2　中国の 1 人当たりの GDP の推移（1978 ～ 2014 年）………………………18

図表 2-3　中国の海外旅行者数の推移（2005 ～ 2014 年）………………………………19

図表 2-4　世界主要国・地域からの出国者数（2013 年上位 20 位、万人）……………19

図表 2-5　国際観光支出ランキング（2013 年上位 20 位、億米ドル）…………………20

図表 2-6　人民元 / 円の為替レートの推移（2011 年 1 月～ 2016 年 1 月）……………21

図表 2-7　春秋航空運行情報例………………………………………………………………21

図表 2-8　日本の港湾へのクルーズ船の寄港回数の推移（2008 ～ 2014 年）…………22

図表 2-9　中国の観光施策の推移……………………………………………………………24

図表 2-10　日本の観光立国の実現に向けた取組…………………………………………28

図表 2-11　「観光立国実現に向けたアクション・プログラム 2015」の要点……………29

図表 2-12　免税店の店舗数の推移（2012 ～ 2015 年）…………………………………30

図表 2-13　日本の中国人入国規制緩和の経緯……………………………………………32

図表 2-14　日中観光交流の展開（2000 ～ 2015 年）……………………………………33

図表 2-15　訪中日本人数と訪日中国人数の推移（1978 ～ 2015 年、人）……………34

図表 3-1　中国省級（1 級）行政区図………………………………………………………38

図表 3-2　中国の省級行政区（1 級行政区）概要…………………………………………41

図表 3-3　中国の省別 1 人当たり GDP と国際観光潜在力（2014 年）…………………43

図表 3-4　中国の省別旅行会社国際観光手配ランキング（2015 年第 1 四半期）………44

図表 3-5　中国の都市家庭と農村家庭の 1 人あたり所得の推移（1980 ～ 2014 年）…44

図表 3-6　中国主要都市の 1 人当たり GDP（2014 年）…………………………………45

図表 3-7　中国主要都市の年末常住人口（2014 年）……………………………………45

図表 3-8　中国の都市化率の推移 (1978 ～ 2014 年)……………………………………47

図表 3-9　日中直行便の就航都市（2014 年）……………………………………………47

図表 3-10　観光庁が策定した中国市場訪日プロモーション方針（2015 年）…………48

図表 3-11	訪日中国人の性・年齢別構成（2015 年、%）	49
図表 3-12	訪日中国人の同行者（2015 年、%）	49
図表 3-13	訪日中国人の世帯年収（2015 年）	50
図表 3-14	訪日中国人の旅行手配方法（2015 年、%）	50
図表 3-15	訪日中国人の訪日回数（2015 年、%）	51
図表 3-16	訪日中国人の滞在日数（2015 年、% ）	51
図表 3-17	訪日中国人の居住地（2015 年、%）	52
図表 4-1	国籍・地域別の訪日外国人旅行消費額と構成比（2015 年）	56
図表 4-2	国籍・地域別にみる費目別旅行消費額（2015 年、億円）	57
図表 4-3	国籍・地域別買物代ランキング（2015 年、億円）	58
図表 4-4	国籍・地域別 1 人当たり買物代ランキング（2015 年、円 / 人）	58
図表 4-5	国籍・地域別にみる訪日外国人 1 人当たり費目別旅行支出（2015 年、円 / 人）	59
図表 4-6	中国旅行者が訪日前に期待していたこと（2015 年、%）	60
図表 4-7	国籍・地域別消費税免税手続きの実施率（2015 年）	61
図表 4-8	訪日中国人の費目別購入率及び購入者単価（2015 年）	62
図表 4-9	主な国籍・地域別最も満足した購入商品（2015 年、%、単一回答）	63
図表 4-10	訪日中国人の買物場所（2015 年）	64
図表 4-11	中国の 1 人当たり消費性支出の推移（1980 ～ 2013 年）	66
図表 4-12	訪日中国人旅行者が一番満足した購入商品の理由（2015 年、単一回答、%）	67
図表 4-13	訪日中国人旅行者が買い物で重視する点（2 つまで選択、%）	67
図表 4-14	中国で人気の高い日本商品の日中価格比較	68
図表 4-15	消費税免税百貨店外客の売上高と客数の推移（2014 年 10 月～ 2016 年 3 月）	69
図表 4-16	百貨店免税手続きカウンターの来店別国籍・地域別順位（2014 年 10 月～ 2016 年 3 月）	70
図表 4-17	2016 年 1-3 月期訪日中国人の動向	71
図表 4-18	国籍・地域別にみる費目別旅行消費額（2016 年 1-3 月期、総額上位 5 位、億円）	71
図表 5-1	訪日外国人の都道府県別訪問率（2014 年、2015 年、複数回答、%）	77
図表 5-2	訪日外国人の延べ宿泊者数の地方別シェア（2014 年、%）	79
図表 5-3	ゴールデンルートの一例	79
図表 5-4	広域観光周遊ルート形成計画の認定ルート	79
図表 5-5	今回したこと（2015 年、複数回答、%）	81
図表 5-6	次回したいこと（2015 年、複数回答、%）	82
図表 5-7	一番満足した飲食（2015 年、単一回答、%）	83
図表 5-8	一番満足した飲食の理由（2015 年、単一回答、%）	83
図表 5-9	訪日中国人が利用した宿泊施設（2015 年、複数回答、% ）	84
図表 5-10	日本滞在中に役に立った旅行情報源（2015 年、複数回答、%）	84
図表 5-11	日本滞在中にあると便利だと思った情報（2015 年、複数回答、%）	85
図表 5-12	出発前に得た旅行情報源で役に立ったもの（2015 年、複数回答、%）	86
図表 5-13	中国人訪日旅行全体の満足度（2015 年、単一回答、%）	87
図表 5-14	中国人の日本への再訪意向（2015 年、単一回答、%）	87
図表 5-15	「新浪博客」に掲載されている訪日旅行に関するブログ（2015 年）	89
図表 6-1	中国正史における日本伝	92

図表 6-2　中国人の典型的日本人観 ……………………………………………………………95

図表 6-3　中国人の典型的日本文化観 ………………………………………………………96

図表 6-4　中国人の日本に対する印象（2005 ～ 2015 年）………………………………96

図表 6-5　中国人が日本に対して「良い印象」を持つ理由（2015 年）………………97

図表 6-6　中国人が日本に対して「良くない印象」を持つ理由（2015 年）…………97

図表 6-7　中国人が日本について思い浮かべるもの（2015 年）………………………98

図表 6-8　5 人の日本長期滞在者の感想 …………………………………………………112

図表 7-1　日本の人口推移（1950 ～ 2060 年）…………………………………………116

図表 7-2　日本国内宿泊旅行回数及び宿泊数の推移（2005 ～ 2014 年）……………117

図表 7-3　日本国内延べ旅行者数及び国内旅行消費額の推移（2010 ～ 2020 年）…118

図表 7-4　「観光先進国」に向けての新たな目標 ………………………………………119

図表 7-5　アジアの人口推移（2010 ～ 2050 年、100 万人）…………………………120

図表 7-6　アジア主要国の人口推移（2010 ～ 2050 年、千人）………………………120

図表 7-7　増大する中間層上位 3 カ国（2010 ～ 2030 年、億人）……………………121

図表 7-8　中国における所得の上昇と海外旅行者の増加等（2010 ～ 2015 年）……122

図表 7-9　アジア各国・地域への中国人訪問者数の推移（2010 ～ 2014 年、人）…122

図表 7-10　アジア諸国・地域に対するビザ発給要件の比較（2015 年）……………123

図表 7-11　日本への来訪回数の比較（2015 年、%）……………………………………125

図表 7-12　言語別通訳案内士受験者数及び合格者数（2015 年）……………………126

第1章
訪日外国人の急増とそのインパクト

第 1 章　訪日外国人の急増とそのインパクト

1. 訪日外国人旅行者の増加とそのインパクト

　訪日外国人旅行者が年々増加し、日本における 1 つの社会現象としてその関心度が高まってきている。図表 1-1 は 2003 年以降訪日外国人旅行者の推移を示すものである。第 2 章で詳しく説明しているように、2003 年に日本政府が外国人観光客誘致のための「ビジット・ジャパン・キャンペーン」（Visit Japan Campaign：VJC）という戦略を打ち出し、2010 年に訪日外国人旅行者数を 1,000 万人達成しようとするなど、外客誘致活動を量と質の両面から大いに強化してきたのである。それ以来、変動もあったものの、訪日外国人旅行者が増加する傾向にあり、特に近年においてはそれが驚異的な伸びを呈している。東日本大震災が発生した 2011 年は訪日外国人旅行者が前年比マイナス 27.8％の大幅な減少となったが、それが 2012 年に 836 万人、前年比 34.4％と回復し、そして 2013 年に対前年比 24.0％増の 1,036 万人と日本政府の悲願であった 1,000 万人目標を初めて突破し、2014 年に対前年比 29.4％増の 1,341 万人、さらに 2015 年は同 47.1％増の 1,974 万人となり、1970 年以来 45 年ぶりに海外旅行日本人の数を上回った[1]（図表 1-2）。

　なぜ 2011 年以降訪日外国人旅行者がこのように急増しているのか。その原因として以下の 4 つが挙げられている。すなわち、①経済環境：アジア等の経済成長により海外旅行者数が増加していることと、円安方向への動きにより訪日旅行への割安感が拡大していることなど、②日本への国際的注目度の高まり：東京オリンピック・パラリンピックの開催決定、「富士山」や「富岡製糸場と絹産業遺産群」の世界文化遺産登録、「和食」や「和紙」の無形文化遺産登録など[2]、③訪日外国人旅行者の拡大に向けた施策展開：ビザの大幅緩和や訪日外国人旅行者向け消費税免税制度の見直し、CIQ[3] 体制の充実、首都圏空港の発着枠拡大等、政府全体として取り組んだ施策の成果、④継続的な訪日プロモーション：「桜」をテーマとした継続的な訪日プロモーションや国際旅行博への出展、海外現地における広告の掲載など、の 4 つである（観光庁『観光白書』平成 27 年版、p.14）。

　日本政府は 2020 年までに訪日外国人旅行者年間 2,000 万人を目標とし

てきたが、これが2015年にほぼ達成できたことから、2020年の目標を4,000万人に引き上げることにした[4]。2014年の外国人旅行者受入数ランキングでは日本は1,341万人で世界第22位、アジア第7位に相当し（中国5,562万人、香港2,777万人、マレーシア2,744万人、タイ2,478万人、マカオ1,457万人、韓国1,420万人の順。日本観光振興協会「数字でみる観光」2015年度版）、インバウンドマーケット成長の余地が大きいと言える。日本としては、4,000万人を次の目標とし、訪日外国人旅行者誘致を一層強化し、「観光後進国」から「観光先進国」へ邁進することを目指す必要があると考える。

図表1-1　訪日外国人旅行者の推移（2003～2015年）

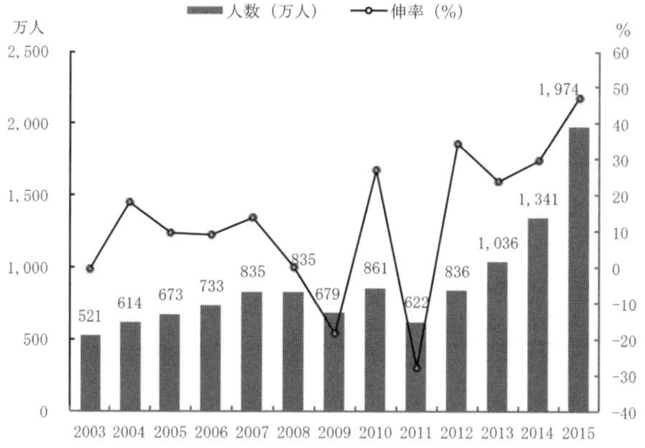

出典：日本政府観光局（JNTO）資料より作成。

図表1-2　訪日外国人数と出国日本人数の推移（2003～2015年）

出典：日本政府観光局（JNTO）資料より作成。

交流人口の増加が日本における経済活性化と地方創生への切り札である。人口減少・少子高齢化に直面する日本にとって、新たな需要を生み出し、雇用を創出する経済活性化と地方創生は、喫緊の最重要課題であるとされているが、訪日外国人旅行者の増加は、日本における総消費人口及び有効需要、雇用を拡大させ、経済と地域を活性化させる原動力となる。総務省「家計調査2014年」によれば日本における定住人口1人当たりの年間消費額は125万円であるが、これは旅行者の消費に換算すると外国人旅行者9人分、国内旅行者（宿泊）27人分、国内旅行者（日帰り）84人分にあたるという[5]。つまり、外国人観光客を9人受け入れると、定住している日本人1人と同じ市場規模になるのである。したがって、定住人口の減少がもたらした消費減少、賑わい喪失等は交流人口の増加によりカバーすることができると考えられる。

　近年における訪日外国人旅行消費額を見てみよう（図表1-3）。東日本大震災の影響で2011年の訪日外国人旅行消費額は前年（2010年、1兆1,490億円）比マイナス29.2％と大幅に減少したが、2012年には1兆861億円で2011年に比べ33.5％増加し、その後も2013年は1兆4,167億円で前年比30.6％、2014年は2兆278億円で前年比43.1％と驚異的な拡大が続き、2015年は一気に3兆円の大台を超えて前年比71.5％増の3兆4,771億円となった。なお、1人当たり旅行消費額を見ると、2011年の11万3,917円から2012年12万9,763円、2013年13万6,693円、2014年15万1,174円、2015年17万6,168円で2013年を除くと毎年2桁の増加率となっている。日本人旅行者（宿泊）のそれが2011年4万7,149円、2012年4万7,444円、2013年4万8,094円（観光庁『観光白書』平成27年版、p.199）となったので、訪日外国人の旅行消費は日本人の約3倍に相当し、しかも日本人旅行消費額は横這い状態が続いているのに対して、さき述べたように外国人のそれが急速な増加傾向にある。

図表1-3　近年における訪日外国人旅行消費額の推移（2011～2015年）

年	訪日外国人旅行消費額 消費額（億円）	訪日外国人旅行消費額 増加率（%）	訪日外国人1人当たり旅行支出 消費額（円）	訪日外国人1人当たり旅行支出 増加率（%）
2011	8,135	-29.2	113,917	1.0
2012	10,861	33.5	129,763	13.9
2013	14,167	30.6	136,693	5.3
2014	20,278	43.1	151,174	10.6
2015	34,771	71.5	176,167	16.5

出典：日本政府観光局（JNTO）資料より作成。

図表1-4　訪日外国人旅行消費額の費目別構成比（2015年）

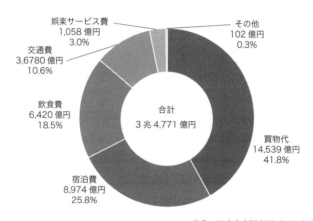

出典：日本政府観光局（JNTO）資料より作成。

　費用別に外国人旅行消費額を見ると、買物代が41.8%（2015年、下同）で最も多く、次いで宿泊費25.8%、飲食費18.5%、交通費10.6%、娯楽サービス費3.0%、その他0.3%の順である。このように、訪日外国人旅行者の増加は日本におけるさまざまな業種・業界に経済効果をもたらしている。

図表 1-5　外国人旅行者訪日前に期待していたこと（2015 年、複数回答、％）

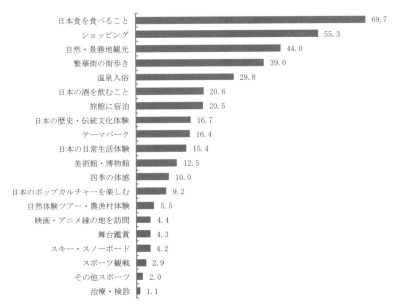

出典：観光庁「訪日外国人の消費動向平成 27 年年次報告書」より作成。

図表 1-6　外国人旅行者日本滞在中にしたこと（2015 年、複数回答、％）

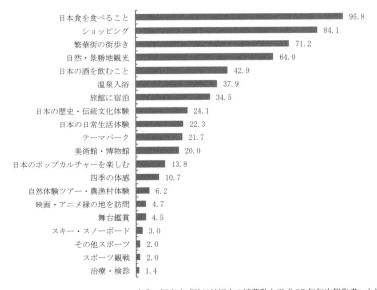

出典：観光庁「訪日外国人の消費動向平成 27 年年次報告書」より作成。

第1章　訪日外国人の急増とそのインパクト　　7

　訪日外国人旅行者増加のインパクトは日本における経済活性化と地方創生への経済効果だけではなく、図表1-5と図表1-6で示されているように、「外国人旅行者訪日前に期待していたこと」と「外国人旅行者日本滞在中にしたこと」のどちらを見ても、「日本食を食べること」が第1位に、「自然・景勝地観光」や「繁華街の街歩き」、「温泉入浴」、「旅館に宿泊」、「日本酒を飲むこと」、「日本の歴史・伝統文化体験」、「日本の日常生活体験」などが上位に挙げられており、その日本の文化や日本人の生活等への関心が非常に高いことがわかる。したがって、訪日外国人旅行者の増加は、外国人による日本への理解の増進や日本のソフトパワーの向上にもプラスの影響をもたらすと考えられる。

2. 訪日アジア人旅行者の増加とそのインパクト

　訪日外国人旅行者のおよそ8割が中国、韓国、台湾を中心としたアジアから来る人である。2015年の数値を例に見ると、アジアからの旅行者が1,637万人で訪日外国人旅行者全体（1,974万人）の83％を占めている（図表1-7）。そのうち、中国、韓国、台湾、香港といった「東アジア4市場」[6]からの旅行者が1,419万人で同71.9％を占めている（中国499万人で訪日外国人全体の25.3％、韓国400万人で同20.3％、台湾368万人で同18.6％、香港152万人で同7.7％。なおこの4カ国・地域の訪日旅行者数はアジア訪日旅行者数全体の86.7％を占める）。また、この東アジア4市場による訪日旅行消費額も合計2兆5,016億円で訪日外国人旅行消費額総額（3兆4,771億円）の71.9％を占めることになっている（図表1-9）。

　次いで2015年、タイ、シンガポール、マレーシア、インドネシア、フィリピン、ベトナムといった「東南アジア6市場」からの訪日旅行者数が合計で200万人を超えた。2013年に日本政府から掲げられた「100万人プラン」[7]のもと、官民一体となって展開してきた訪日旅行プロモーションの成果が、査証緩和や東南アジア経済の成長に伴う海外旅行者数の増加などの諸要因との相乗効果により実を結び、大幅な需要拡大が実現された。

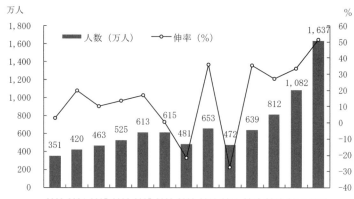

図表1-7　訪日アジア人旅行者の推移（2003～2015年）

図表1-8　訪日外国人旅行者上位5カ国・地域の推移（2011～2015年）

	2011年	2012年	2013年	2014年	2015年
第1位	韓国	韓国	韓国	台湾	中国
人数	166万	204万	246万	283万	499万
シェア	26.7%	24.4%	23.7%	21.1%	25.3%
第2位	中国	台湾	台湾	韓国	韓国
人数	104万	147万	221万	276万	400万
シェア	16.8%	17.5%	21.3%	20.5%	20.3%
第3位	台湾	中国	中国	中国	台湾
人数	99万	143万	131万	241万	368万
シェア	16.0%	17.1%	12.7%	18.0%	18.6%
第4位	米国	米国	米国	香港	香港
人数	57万	72万	80万	93万	152万
シェア	9.1%	8.6%	7.7%	6.9%	7.7%
第5位	香港	香港	香港	米国	米国
人数	36万	48万	75万	89万	103万
シェア	5.9%	5.8%	7.2%	6.6%	5.2%
訪日外客総人数	622万	836万	1,036万	1,341万	1,974万

注：2011～2014年の数値は確定値、2015年は暫定値。
出典：日本政府観光局（JNTO）資料より作成。

第 1 章　訪日外国人の急増とそのインパクト　　9

図表 1-9　訪日外国人旅行消費額上位 5 カ国・地域の推移（2011 ～ 2015 年）

	2011 年	2012 年	2013 年	2014 年	2015 年
第 1 位	中国	中国	中国	中国	中国
消費額	1,964 億円	2,688 億円	2,759 億円	5,583 億円	14,174 億円
シェア	24.1%	24.7%	19.5%	27.5%	40.8%
第 2 位	韓国	台湾	台湾	台湾	台湾
消費額	1,254 億円	1,648 億円	2,475 億円	3,544 億円	5,207 億円
シェア	15.4%	15.2%	17.5%	17.5%	15.0%
第 3 位	台湾	韓国	韓国	韓国	韓国
消費額	1,059 億円	1,466 億円	1,978 億円	2,090 億円	3,008 億円
シェア	13.0%	13.5%	14.0%	10.3%	8.7%
第 4 位	米国	米国	米国	米国	香港
消費額	813 億円	979 億円	1,362 億円	1,475 億円	2,627 億円
シェア	10.0%	9.0%	9.6%	7.3%	7.6%
第 5 位	香港	香港	香港	香港	米国
消費額	430 億円	655 億円	1,054 億円	1,370 億円	1,814 億円
シェア	5.3%	6.0%	7.4%	6.8%	5.2%
訪日外客消費総額	8,135 億円	10,861 億円	14,167 億円	20,278 億円	34,771 億円

注：2011 ～ 2014 年の数値は確定値、2015 年は暫定値。
出典：日本政府観光局（JNTO）資料より作成。

　訪日外国人旅行者全体の対前年伸び率は 2012 年 34.4％、2013 年
24.0％、2014 年 29.4％、2015 年 47.1％であるのに対して、アジア訪
日旅行者のそれはそれぞれ 35.2％、27.0％、33.3％、51.3％となって外
国人全体平均より高くなっている。21 世紀はアジアの時代とよく言われ
るように、アジア新興国は先進諸国経済の停滞とは対照的に活況を呈して
おり、その目覚ましい経済成長を背景に、国民の所得が急速に上昇し、消
費の中心となる中間層が急速に拡大しているなど、重要な国際観光市場と
して期待できる。
　またアジア諸国特に東アジア諸国は日本とは地理的に近いが領土問題や
歴史問題などさまざまな問題が存在している。訪日アジア人旅行者の増加
は相互の理解の増進とイメージの改善にも良い影響をもたらすと考える。

3. 訪日中国人旅行者の増加とそのインパクト

　急増する訪日外国人旅行者のなか、中国人旅行者のすさまじい増加と「爆買い」とも呼ばれるその大量消費が大いに注目を浴びている。訪日中国人旅行者数は他の国と同じく 2011 年に東日本大震災の影響で減少したほか、2013 年に尖閣諸島国有化事件の影響で再び落ち込んでいたが、それ以降は大幅な拡大に転じてきている。2014 年は 240.9 万人で対前年比 111 万人、率にして 83.3％というすさまじい伸びを示しており、さらに 2015 年は 499.4 万人で対前年比 258 万人、率にして 107.3％と倍以上の増加となった。その訪日外国人旅行者全体に占める割合も 2014 年の 18.0％から 2015 年に 25.3％と急上昇し、台湾、韓国を超えて訪日外国人旅行者のトップに躍り出た（図表 1-10 参照）。

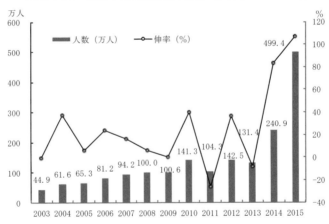

図表 1-10　訪日中国人旅行者の推移（2003 ～ 2015 年）

出典：日本政府観光局（JNTO）資料より作成。

　他の国・地域と比べ、訪日中国人旅行者は量的に急拡大しているだけでなく、ほかにも次のようないくつかの特徴がある。

　第 1 は、観光客が急速に増え続けることである（図表 1-11）。訪日外国人旅行者全体における観光客の構成比がおよそ毎年 7 割で一定に推移しているが（『観光白書』平成 27 年版、p.193）、中国人の場合、2005 年の 3 割

から 2007 年に 4 割、2010 年に 5 割超、そして 2014 年に 7 割超とその構成比が急激に上がってきたのである。つまり訪日中国人旅行者は以前商用客とその他客が多かったが、近年ではそのシェアが大きく低下し、かわりに観光客の増加が特に目立っており、今後もこの傾向が続くだろうと読み取れる。

図表 1-11　目的別訪日中国人の推移（2005 ～ 2014 年）

年	訪日中国人全体		うち観光客		商用客		その他客	
	人数	シェア	人数	シェア	人数	シェア	人数	シェア
2005	65.3 万人	100.0%	20.2 万人	32.4%	16.5 万人	26.5%	25.7 万人	41.1%
2006	81.2 万人	100.0%	29.7 万人	37.8%	19.2 万人	24.5%	29.6 万人	37.7%
2007	94.2 万人	100.0%	40.7 万人	43.2%	21.6 万人	22.9%	31.9 万人	33.8%
2008	100.0 万人	100.0%	45.6 万人	45.6%	20.9 万人	20.9%	33.6 万人	33.6%
2009	100.6 万人	100.0%	48.2 万人	47.9%	18.2 万人	18.1%	34.2 万人	34.0%
2010	141.3 万人	100.0%	83.2 万人	58.9%	23.1 万人	16.3%	35.1 万人	24.8%
2011	104.3 万人	100.0%	45.2 万人	43.4%	19.5 万人	18.7%	39.5 万人	37.8%
2012	142.5 万人	100.0%	82.9 万人	58.2%	23.6 万人	16.6%	36.0 万人	25.2%
2013	131.4 万人	100.0%	70.5 万人	53.6%	23.5 万人	17.9%	37.5 万人	28.5%
2014	240.9 万人	100.0%	175.4 万人	72.8%	26.9 万人	11.2%	38.6 万人	16.0%

注：「その他客」は観光、商用目的を除く客で、留学、研修、外交・公用などが含まれる。
出典：「JNTO 訪日旅行データハンドブック 2015」より作成。

第 2 は、平均滞在日数が訪日外国人旅行者平均と比べて比較的多いことである（図表 1-12）。

図表 1-12　訪日外国人旅行者平均滞在日数の推移（2005 ～ 2014 年）

年	訪日外国人全体（日）	訪日中国人（日）
2005	8.0	15.1
2006	7.2	12.5
2007	6.5	10.2
2008	6.4	9.7
2009	6.9	8.9
2010	6.1	7.0
2011	6.5	8.9
2012	6.3	8.2
2013	5.8	9.2
2014	5.6	7.0

出典：「JNTO 訪日旅行データハンドブック 2015」より作成。

第3は、旅行消費額が比較的大きいことである。近年、中国人観光客による大量購買が話題になり、それを表す「爆買い」との言葉が 2015 年の流行語になるほどであると何度も述べていたが、図表 1-13 を見てわかるように、訪日中国人 1 人当たりの消費額は訪日外国人のそれより大きく上回ってかつその差が年々拡大している。2015 年では、訪日中国人 1 人当たりの旅行消費額は 28 万 3,842 円で訪日外国人平均の 17 万 6,168 円より 10 万 7,674 円も多くなっている。結果として訪日外国人旅行者数に占める訪日中国人のシェアが 2011 年第 2 位、2012 年〜 2014 年第 3 位であるにもかかわらず、訪日外国人旅行消費額に占める中国人の割合が 2011 年 24.1%、2012 年 24.7%、2013 年 19.5%、2014 年 27.5%と年々第 1 位となっている。さらに 2015 年では訪日中国人による旅行消費額が 1 兆 4,174 億円に達し、訪日外国人旅行消費額全体の 40.8%を占めており、訪日中国人旅行者による「爆買い」が日本の消費を下支えするものになるかと期待感が持たれるようになったのである[8]。

図表 1-13　近年における訪日中国人旅行消費額の推移（2011 〜 2015 年）

年	a訪日外国人 消費総額(億円)	b訪日中国人 消費総額(億円)	bがaに占める 割合	訪日外国人 1人当たり(円)	訪日中国人 1人当たり(円)
2011	8,135	1,964	24.1%	113,917	188,295
2012	10,861	2,688	24.7%	129,763	187,970
2013	14,167	2,759	19.5%	136,693	209,898
2014	20,278	5,583	27.5%	151,174	231,753
2015	34,771	14,174	40.8%	176,167	283,842

出典：日本政府観光局（JNTO）資料より作成。

　もちろん、訪日中国人旅行者の増加は日本の消費の拡大をもたらす効果だけではなく、中国人による日本イメージの改善や日中関係の改善などの効果もあろう。周知のように、尖閣諸島国有化事件をきっかけに日中相互の国民感情と日中関係が著しく悪化してしまったが、日中国民の相互理解が不十分なことはその原因の 1 つであり、訪日中国人旅行者の増加はその相互理解の増進特に中国人による真の日本への理解の増進につながるも

のだと考えられる。観光庁の調査結果によると、中国旅行者に訪日の動機を聞いたところ、日本食を食べることとショッピングの回答が最も多いが、自然・景勝地観光や繁華街の街歩き、温泉入浴、日本の歴史・伝統文化体験、四季の体感、日本の現代文化体験なども上位に並び（観光庁「訪日外国人の消費動向」各年次版報告書）、日本の文化や事情への関心が高まっているし、旅行を通じて日本に対する理解が深まることも容易に想像できると言える。

注：

1) 日本人の観光目的の海外渡航が自由化されたのは東京オリンピック開催の 1964 年（昭和 39 年）であり、その後、国民所得の上昇及び国民生活における余暇の増大などを背景に、海外旅行がブームとなり、1964 年に 12 万 7,749 人であった出国日本人数は、1974 年は 233 万 5,530 人、1984 年は 465 万 8,833 人、1994 年は 1,357 万 8,934 人、2004 年は 1,683 万 1,112 人に増加し、2012 年には 1,849 万 657 人と過去最高を記録した。しかし、アベノミクスによる円安が始まった翌年から減少に転じ、2013 年は 1,747 万 2,748 人、2014 年は 1,690 万 3,388 人、2015 年は 1,621 万 2,100 人になった。長い間、出国日本人数が訪日外国人数より多い状態が続いてきたが、2015 年にはついに訪日外国人数が出国日本人数を上回り、逆転した。日本人海外旅行者数減少の原因について、『観光白書』平成 27 年版では「円安方向への動きにより現地での買い物も含めた旅行代金が上昇したことによる割高感などによるものと考えられる」と指摘されている。

2) 最近の日本の世界遺産登録を挙げると、「富士山―信仰の対象と芸術の源泉」（山梨県、静岡県、2013 年 6 月）、「富岡製糸場と絹産業遺産群」（群馬県、2014 年 6 月）、「明治日本の産業革命遺産―製鉄・製鋼、造船、石炭産業」（福岡県、佐賀県、長崎県、熊本県、鹿児島県、山口県、岩手県、静岡県、2015 年 7 月）が世界文化遺産に登録され、「和食：日本人の伝統的な食文化」（2013 年 12 月）、「和紙：日本の手漉和紙技術」（2015 年 11 月）がユネスコ無形文化遺産に登録された。

3) Customs, Immigration and Quarantine の略。出入国の際の必須手続である税関・出入国管理・検疫のこと。

4) 2016 年 3 月 30 日、日本政府は日本にくる外国人旅行者の数を 2020 年に 4,000 万人、訪日外国人旅行消費額を 8 兆円と、いずれも 5 年で倍増させる目標を決めた（朝日新聞 2016 年 3 月 31 日）。

5) 2014 年定住人口 1 人当たり年間消費額は 125 万円、訪日外国人 1 人 1 回当たり旅行消費額は 15 万 1 千円、国内旅行者（宿泊）1 人 1 回当たり旅行消費額は 4 万 7 千円、国内旅行者（日帰り）1 人 1 回当たり旅行消費額は 1 万 5 千円となっている（国土交通省近畿運輸局 2015 年 7 月 9 日「インバウンド観光の現状」http://www.maff.go.jp）。

6) 観光庁及び日本政府観光局（JNTO）においては、中国、韓国、台湾、香港の 4 国・地域を「東アジア 4 市場」、タイ、シンガポール、マレーシア、インドネシア、ベトナム、フィリピンの 6 国を「東南アジア新興 6 市場」とされ、東アジア 4 市場は当面の最重点市場、東南アジア新興 6 市場は重点市場と位置付けられている。

7) 東南アジア 6 市場から 2013 年内 100 万人、2016 年内 200 万人達成計画。

8) 観光庁が 2016 年 1 月 19 日に発表した「訪日外国人消費動向調査　平成 27 年（2015 年）年間値（速報）」でも「年間値で初めて 3 兆円を突破！中国人の買物支出が牽引」と捉えられたのである。

第2章
訪日中国人急増の背景

第 2 章　訪日中国人急増の背景

　第 1 章では訪日外国人旅行者の急増の原因について、経済環境、日本への国際的注目度の高まり、訪日外国人旅行者の拡大に向けた施策展開、継続的な訪日プロモーションなどが挙げられると述べたが、これは言うまでもなく訪日中国人旅行者の急増にも当てはまる。これを念頭に入れながら、第 2 章では、訪日中国人旅行者急増の原因をデータから検証していく。

1.　改革開放以降急速な経済成長と国民所得の上昇

　周知のように、中国の経済発展は、1978 年の中国共産党第 11 期 3 中全会[1] を分水嶺として、社会主義時代と改革開放時代に大きく時期区分できる。改革開放とは、中国国内体制の改革と対外開放政策のことであるが、その始まりは中国共産党第 11 期 3 中全会に決定された国の指導方針の階級闘争から経済建設への転換であった。その前の 30 年間には、計画経済システムの下で公平性を重視した社会主義的経済政策が行われ、経済発展が阻害されていた。疲弊した中国経済を立て直すため、「先富論」[2] という理論の下で、豊かになれる地域と人を先に豊かにさせるような方針が求められ、沿海地域傾斜政策や[3]、外資の導入、人民公社の解体[4]、企業自主権の拡大[5]、所有制と経営形態の多様化[6] などが行われ、効率性を重視した市場経済への移行が推進された。その結果、中国経済が急速な発展を遂げ、多くの地域と人々が豊かになってきた。

　図表 2-1 は中国の国内総生産（GDP）と実質成長率の推移を示すものである。日本は 1955 ～ 1970 年の 16 年間に年平均 9.8％の高度成長を達成したが、中国は 1979 ～ 2014 年の 36 年間に年平均 9.7％の成長率を維持し、うち 1991 ～ 2011 年の 21 年間には年平均 10.5％という超高度成長を実現した。1978 年の GDP（3,650.2 億元）を 1 とすれば、2014年（636,462.7 億元）は 28.3 でこの 37 年間に約 28 倍の増長となった。

　図表 2-2 は改革開放以降中国の 1 人当たり GDP の推移を示している。

第 2 章　訪日中国人急増の背景　　17

図表 2-1　中国の国内総生産（GDP）と実質成長率の推移（1978 〜 2014 年）

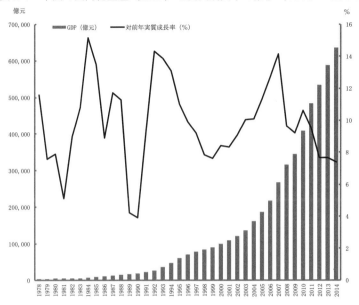

　それは 1978 年の 227 ドルから 2014 年には 7,595 ドルに、1978 年を 1 とすれば、2014 年に 19.8 にとこの 37 年間に約 20 倍に増大したのである。1 人当たり GDP3,000 ドルが国民の所得と消費の変化を測る基準の 1 つとしてよく知られているが[7]、中国は 2008 年に 3,443 ドルでそのラインを突破し、その後も 2010 年に 4,515 ドル、2011 年に 5,577 ドル、2012 年に 6,264 ドル、2014 年に 7,595 ドルと年々増長し、2015 年には 8,280 ドルになろうと推計されている[8]。

　以上で述べた急速な経済成長と国民所得の上昇を背景に、図表 2-3 で示されているように、1998 年 843 万人、2000 年 1,065 万人であった中国の海外旅行者数が 2005 年頃から爆発的に増長してきて、2005 年の 3,102.6 万人から 2007 年に 4,095.4 万人、2010 年に 5,783.7 万人、2011 年に 7,025.0 万人、2012 年に 8,318.2 万人、2013 年に 9,818.5 万人、そして 2014 年には 1 億 1,659 万人と近年では毎年 1,000 万人増のペースで拡大している。2016 年 2 月 23 日中国の高虎城商務相の発表によると、2015 年 1 年間、中国の海外旅行者数が約 1 億 2 千万人、その旅行消費額は 1.5 兆元（約 25.8 兆円）に及んだという（朝日新聞 2016 年 2 月 24 日）。

つまり、すでに日本の総人口に匹敵するほどの中国人が海外旅行に出かけるようになっているのである。海外旅行の日本人数の減少と対照的である。

世界的に見ても、中国人海外旅行者の増加が注目に値する。2012年から、中国は世界の出国者数ランキングにおいても、国際観光支出ランキングにおいても第1位となりかつ大幅に他の国・地域をリードしている。2013年中国の海外旅行者数が延べ9,819万人で第2位の香港の8,441万人より1,378万人多く（図表2-4）、国際観光支出について中国は1,286億ドルで第2位の米国の862億ドルより424億ドルも多くなっている（図表2-5）。ちなみに同年日本の国際観光支出は220億ドルである。

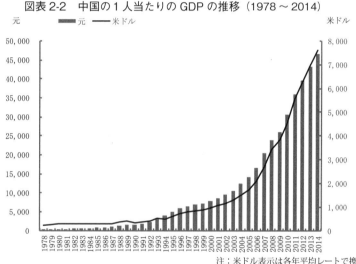

図表2-2　中国の1人当たりのGDPの推移（1978〜2014）

注：米ドル表示は各年平均レートで換算。
出典：21世紀中国総研編『中国情報ハンドブック』2015年版より作成。

図表 2-3　中国の海外旅行者数の推移（2005 〜 2014 年）

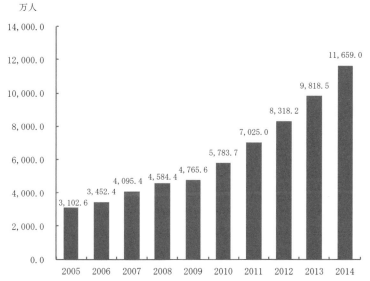

注：外国旅行者数は、香港、マカオ行きを含む
出典：「JNTO 訪日旅行データハンドブック 2015」より作成。

図表 2-4　世界主要国・地域からの出国者数（2013 年上位 20 位、万人）

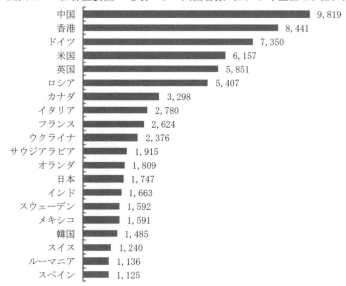

出典：日本観光振興協会『数字でみる観光』2015 年度版より作成。

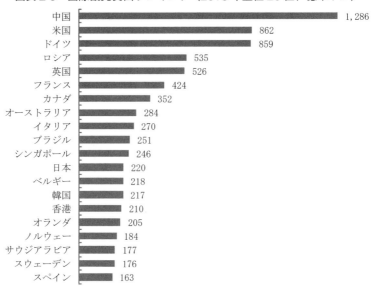

図表2-5 国際観光支出ランキング（2013年上位20位、億米ドル）

出典：日本観光振興協会『数字でみる観光』2015年度版より作成。

2. 円安及び格安航空サービスの普及による旅行費用の低減

　円安が進行していることが中国人を含めた外国人旅行者急増の理由の1つである。アベノミクスによる円安の結果として、諸外国の現地通貨が円に対して強くなったことで日本旅行の価格が一気に下がってきたのである。単純に言って、1ドル＝80円から1ドル＝120円になれば、ドルに連動する通貨での日本への旅行代金は3分の2になる。中国の人民元と日本円の過去5年の為替レートの推移を見れば（図表2-6）、2011年1月の1人民元＝12.51円から、2013年1月14.20円、5月16.31円、2014年1月17.03円、2015年1月19.31円、6月20.23円と急速に円安が進み、12円台の時と比べると3分の2の費用で日本旅行が楽しめるのである。これは交通費と宿泊費の低減だけでなく、日本での買い物もたいへん割安になることを意味している。

第2章　訪日中国人急増の背景　　21

図表 2-6　人民元 / 円の為替レートの推移（2011 年 1 月〜2016 年 1 月）

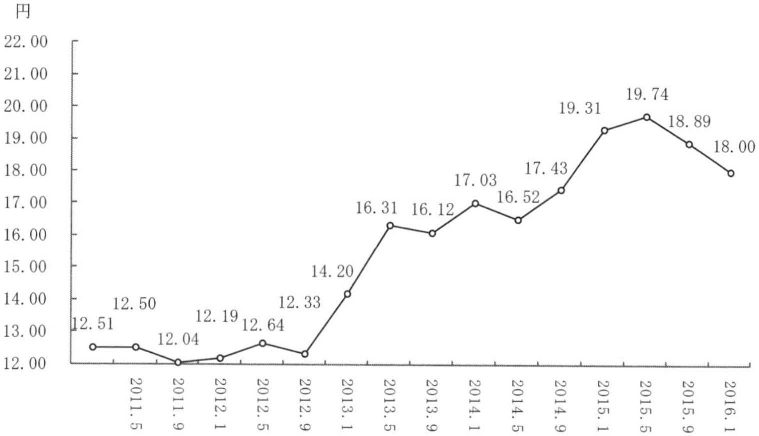

円

22.00	
21.00	
20.00	19.74
19.00	19.31　18.89
18.00	17.43　18.00
17.00	17.03 16.52
16.00	16.31 16.12
15.00	
14.00	14.20
13.00	12.50　12.19 12.64 12.33
12.00	12.51 12.04

2011.1　2011.5　2011.9　2012.1　2012.5　2012.9　2013.1　2013.5　2013.9　2014.1　2014.5　2014.9　2015.1　2015.5　2015.9　2016.1

出典：世界経済のネタ帳（http://ecodb.net）資料より作成。

図表 2-7　春秋航空運行情報例

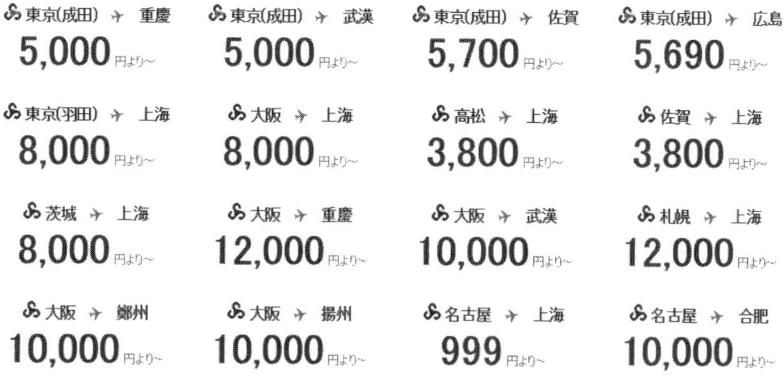

東京(成田) → 重慶	東京(成田) → 武漢	東京(成田) → 佐賀	東京(成田) → 広島
5,000 円より〜	**5,000** 円より〜	**5,700** 円より〜	**5,690** 円より〜
東京(羽田) → 上海	大阪 → 上海	高松 → 上海	佐賀 → 上海
8,000 円より〜	**8,000** 円より〜	**3,800** 円より〜	**3,800** 円より〜
茨城 → 上海	大阪 → 重慶	大阪 → 武漢	札幌 → 上海
8,000 円より〜	**12,000** 円より〜	**10,000** 円より〜	**12,000** 円より〜
大阪 → 鄭州	大阪 → 揚州	名古屋 → 上海	名古屋 → 合肥
10,000 円より〜	**10,000** 円より〜	**999** 円より〜	**10,000** 円より〜

出典：春秋航空日本ホームページ（http://jp.ch.com）。

　円安の上に、ここ数年で格安航空会社（LCC: Low Cost Carrier）が急速に普及したこともあり、アジア地域などからの旅行費用はさらに安くなっている。中国の格安航空会社「春秋航空」の例を見てみよう。春秋航空では東京ー上海、東京ー武漢、東京ー重慶、大阪ー上海、大阪ー武漢、大阪ー重慶、大阪ー揚州、大阪ー鄭州、名古屋ー上海、名古屋ー合肥、茨城ー上海、札幌ー上海、佐賀ー上海、高松ー上海など多数の国際線が運航され、しかもチケット料金は数千円からと非常に安い（図表 2-7 参照）。関西国

際空港においては、旅客便に占めるLCC便数の割合は、2008年の2.0％から2010年に7.1％、2012年に14.5％、2013年に17.1％、2014年に21.9％、2015年に26.8％と大幅に増加し、うち中国の格安航空会社春秋航空は10路線、42便を運航しているという（国土交通省近畿運輸局2015年「インバウンド観光の現況」http://www.maff.go.jp）。

　クルーズ船の利用も増加している。国土交通省の資料によると、2014年の外国船社及び日本船社が運航するクルーズ船の日本の港湾への寄港回数は、過去最高の合計1,203回（2013年1,001回）となり、その背景には外国船社による日本発着クルーズや中国発着クルーズの日本寄港の増加などがあるという（図表2-8）。2015年1月に入国管理法が改正となり、法務大臣が指定するクルーズ船を対象に「船舶観光上陸許可制度」が開始され、指定のクルーズ船の乗客は滞在時間が12時間以内と決められているがビザが不要になった。福岡県博多港では2014年にクルーズ船の寄港数は99回であったが、2015年には約270回へと急増したという。同港への寄港で話題になった豪華客船「クァンタム・オブ・ザ・シーズ」は約5,000人の乗客を収容できるが、その9割を占めているのは中国人団体観光客である（中島恵2015a）。

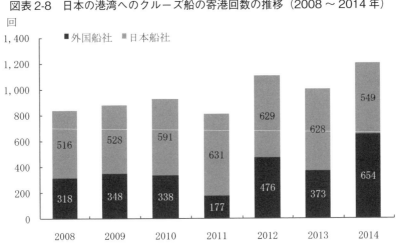

図表2-8　日本の港湾へのクルーズ船の寄港回数の推移（2008〜2014年）

出典：国土交通省港湾局資料より作成。

春秋航空をはじめとする中国－日本の格安航空の便数と空港の増加、各空港における新規就航路線の増加、日本の港湾へのクルーズ船の寄港の増加により、中国人観光客にとって日本がより身近に旅行できる場所になった。

3. 中日観光関連法政策の整備と海外旅行に関する規制の緩和

(1) 中国における観光関連法政策の整備

　1978 年の改革開放路線への転換に伴い、中国における観光業も従来の「政治接待型」と「国際交流の媒介」から対外開放と外貨獲得の重要な部門の 1 つとして重視されるようになった（王文亮 2001、p.18）。1979 年 9 月、全国観光活動会議が開かれ、観光管理体制の改革や国際マーケットの調査研究、外国人観光客の誘致などが討議された。1982 年 8 月、国内旅行と国際旅行を統括する機関として「中華人民共和国国家旅遊局」（通称：「国家旅遊局」）が発足した（王文亮 2001、p.19）。

　中国人の海外旅行は 1983 年の香港、マカオへの親族訪問解禁から始まったが、1990 年代までは、公務視察団の旅行などの公務旅行がほとんどであり、私的な旅行（自費旅行）が本格化したのは、1997 年における親族訪問ではない国外観光旅行の解禁と、自費海外旅行に関する法律「中国公民自費出国旅遊管理暫行弁法」の公布・施行以降のことである（図表 2-9）。中国では、観光目的で訪問可能な国・地域は、国務院での承認が必要であるが[9]、1998 年の韓国旅行解禁と 1999 年のオーストラリア、ニュージーランド旅行解禁を皮切りに、その数が年々増えている。

　1998 年中国人海外旅行者数は延べ 843 万人であったが、2012 年には延べ 8,318.2 万人に達し、ドイツ、米国を抜いて世界一の海外旅行送客国となり、海外旅行消費額も一気に世界一となった。さらに 2014 年には中国人海外旅行者数は 1 億人を突破し、その後も増加傾向にあるのである。

　2000 年 9 月、中国人の日本観光ツアーが解禁され、自費による中国人の訪日旅行が開始した。これで日本は中国人が観光ビザで訪問できる 8 番目の国となった（王文亮 2001、p.172）。その後、訪日中国人数が年々増加しているが、当初では増加幅がそれほど大きくなかった（図表 2-14

参照）。その原因として以下の点が挙げられる。①費用が高額であること。1週間の旅程で大体1万5,000元以上となり、当時中国人の経済収入から見ればかなりの高値であった（王文亮2001、p.175）。②日本の中国人入国規制が厳しいものであったこと。2000年に団体観光ビザが解禁されたが、対象者は北京市、上海市、広東省3地に限定され、中国全土に拡大されたのは2005年7月であり、個人観光ビザが解禁され、訪日個人観光旅行が開始したのは2009年7月のことであった（図表2-13参照）。厳しい入国規制が行われた理由の1つとして、当初は中国人観光客の失踪事件が多発し、日本の治安当局はそれに対して非常に懸念していたことが挙げられる（王文亮2001、p.176）。

　北京オリンピックが開催された2008年に中国の1人当たりGDPが初めて3,000米ドルの大台を超え、訪日中国人数も初めて100万人の大台を突破した。2009年、国務院から「観光強国」めざし意見書が公表され、2015年を目途に国内旅行者数を年率10％増の延べ33億人、訪中外国人旅行者（宿泊）数を年率8％増の延べ9,000万人、中国人海外旅行者数を年率9％増の延べ8,300万人などの数値目標が打ち出された（図表2-9）。

　2013年10月、中国初の観光関係の基本法である「中華人民共和国旅遊法」が施行され、ツアー行程中の指定店での強制ショッピングの禁止や旅行先での強制的なオプショナルツアー販売の禁止など、旅行者の権益を保護する規定が盛り込まれた。国家旅遊局からも2015年に「クルーズ船で香港、台湾経由日本、韓国へ旅行に行く中国団体観光客に関する公告」、2016年に「海外旅行保証金の規範化に関連する事項についての通知」などを公布し、海外旅行市場の規範化の強化など政府による関与、管理に力を入れてきている。

図表2-9　中国の観光施策の推移

年	観光施策
1978	改革開放路線への転換に伴い、観光業の対外開放始まる
1982	国務院（内閣）直轄下に国家旅遊局設置
1983	世界観光機関（UNWTO）に加盟 香港、マカオへの親族訪問解禁

1988	タイ、シンガポール、マレーシア、フィリピンへの親族訪問解禁
1992	中国友好観光年。以降、国家旅遊局が毎年1つの観光テーマを定め、大いに観光客の誘致キャンペーン実施
1997	親族訪問ではない国外観光旅行解禁（団体観光のみ） 自費による外国旅行に関する法規「中国公民自費出国旅遊管理暫行弁法」施行
1998	韓国旅行解禁 観光及び親族訪問の場合の外貨持ち出し金額の上限引き上げ（500米ドル→1,000米ドル）
1999	オーストラリア、ニュージーランドへの旅行解禁
2000	日本、ベトナムなどへの旅行解禁
2002	「中国公民出国旅遊管理弁法」施行
2003	ドイツ、インドなどへの旅行解禁
2004	フランス、イタリアなどへの旅行解禁 外貨持ち出し金額の上限引き上げ（1,000米ドル→5,000米ドル、香港、マカオの場合は4万人民元） 中国銀聯公司と外国金融機関との提携で「銀聯カード」の国外使用が可能に
2008	米国、台湾などへの旅行解禁
2009	国務院から「観光強国」めざし意見書発出 2015年の旅行市場規模目標： ・国内旅行人数を年率10%増の延べ33億人 ・宿泊（1泊以上）の外国人旅行者数を年率8%増の延べ9,000万人 ・海外旅行者数を年率9%増の延べ8,300万人
2013	「中華人民共和国旅遊法」施行
2015	国家旅遊局「クルーズ船で香港、台湾経由日本、韓国へ旅行に行く中国団体観光客に関する公告」公布
2016	国家旅遊局「海外旅行保証金の規範化に関連する事項についての通知」公布

出典：各種資料より作成。

(2) 日本における観光立国の実現に向けた取組

　日本の観光立国の実現に向けた取組について少なくとも1996年の「ウエルカムプラン21」（訪日観光交流倍増計画）にさかのぼってみることができる。当時訪日外国人旅行者数は年間350万人程度であったが（当時日本人海外旅行者数の約3分の1）、それを2005年時点で700万人に倍増させることを目指した「ウエルカムプラン21」がとりまとめられ、地方圏への誘客促進を目的とし、訪日外国人旅行者誘致のための広告宣伝、

割引運賃の設定、旅行情報の充実化などが行われた。1997 年に「外国人観光客の来訪地域の整備等の促進による国際観光の振興に関する法律」（通称「外客誘致法」）が公布・施行され、この法律に基づき、政府が訪日外国人旅行者促進のための施策として「外国人旅行者訪日促進戦略」や、訪日外国人旅行者の満足度を高めるための施策として「外国人旅行者受入れ戦略」、観光産業の強化を図るための施策として「観光産業高度化戦略」、さらにはそれぞれの戦略を着実に遂行するための官民の連携などについて記された「推進戦略」が相次いで策定・実施された。

　パブル経済の崩壊後、長引く経済低迷を打開するため、新たな成長産業の育成が求められ、幅広い経済波及効果を有する観光への関心が高まってきていた。2003 年 1 月、小泉純一郎首相（当時）の施政方針演説において、観光の振興に国を挙げて取り組み、2010 年までに訪日外国人旅行者数を 1,000 万人にすることを目標とすることとされ、それを受けて同年 1 月に総理大臣が主催する「観光立国懇談会」が開催され、同年 4 月から「ビジット・ジャパン・キャンペーン」（VJC）が開始し、重点市場を定め、訪日旅行のプロモーションを展開するとされた。中国は当初から重点市場の 1 つと指定され、現地で旅行会社や消費者向けにプロモーションが行われている。さらに同年 7 月に「観光立国行動計画」が策定され、「日本各地の観光魅力の確立や景観の整備」、「日本ブランドの海外への発信」、「外国人旅行者が安心して、スムーズに、そして安く旅行できる環境整備」などが盛り込まれた。同年 10 月には外国人旅行者の訪日を促進するための機構として、独立行政法人国際観光振興機構（JNTO、通称：日本政府観光局）が発足した [10]。日本における観光立国の実現に向けた本格的な取組は 2003 年から開始したのであると言える。

　2006 年 12 月、1963 年に制定された「観光基本法」が改正され、「観光立国推進基本法」が成立し（2007 年 1 月より施行）、観光は 21 世紀における日本の重要な政策の柱として初めて明確に位置づけられた。それに基づき、2007 年に「観光立国推進基本計画」が策定され、2010 年までの訪日外国人旅行者数 1,000 万人との目標に加えて、日本人の国内旅行と海外旅行の件数や国際会議の開催件数などについても数値目標を設けられた。この計画を引き継ぐものとして、2012 年に（新）「観光立国推進

基本計画」が策定され、訪日外国人旅行者数を 2016 年までに 1,800 万人達成とすると同時に、他の各種目標もそれぞれ新たに設定された。

2008 年 6 月に開催した第 12 回観光立国推進戦略会議において、「観光庁の発足に当たっての観光立国に関する意見」が提出され、2020 年に 2,000 万人の訪日外国人を迎えることを目指すとした。同年 10 月に、国土交通省の外局として「観光庁」が新設され、これにより観光立国の推進体制が一層強化された。

ビジット・ジャパン・キャンペーン事業が開始して 10 周目に当たる 2013 年に、訪日外国人旅行者数は日本政府念願の 1,000 万人を達成した。これを受けて、日本政府は 2020 年に向けて訪日外国人旅行者数「2,000 万人の高み」を目指すとさらなる目標を明確に打ち出し、それに合わせて 2013 年 6 月に「観光立国実現に向けたアクション・プログラム」、2014 年 6 月に「観光立国実現に向けたアクション・プログラム 2014」、2015 年 6 月に「観光立国実現に向けたアクション・プログラム 2015」を相次いで策定した（図表 2-11）。

訪日外国人旅行者 2,000 万人という目標は 2015 年にほぼ達成できたことから、新たな目標の設定とそのために必要な施策を検討するため、総理大臣が議長となる「明日の日本を支える観光ビジョン構想会議」が設置された。2016 年 3 月 30 日、「明日の日本を支える観光ビジョン構想会議」が新たな数値目標と戦略をまとめ、訪日外国人旅行者数について、2020 年に 4,000 万人、2030 年に 6,000 万人、訪日外国人旅行消費額について、2020 年に 8 兆円、2030 年に 15 兆円を目指すとした（明日の日本を支える観光ビジョン構想会議 2016 年 3 月 30 日「明日の日本を支える観光ビジョン（案）」首相官邸ホームページ http://www.kantei.go.jp）。

以上からわかったように、中国人を含めた訪日外国人旅行者の急増の背景には、日本政府による観光立国の実現に向けた積極的な取り組みがあったのである。

なお、外国人旅行者の訪日を促進するための重要な施策として位置づけられたビジット・ジャパン・キャンペーン（VJC）事業は、訪日促進の主要市場を絞り込み、各国・地域ごとに市場規模やニーズ等を把握し、それぞれに相応したプロモーション方針を策定しているが、その主要市場は韓

国、中国、台湾、米国、香港の5つの国・地域からスタートし、2016年現在では、韓国、中国、台湾、香港、タイ、シンガポール、マレーシア、インドネシア、ベトナム、フィリピン、インド、オーストラリア、米国、カナダ、英国、フランス、ドイツ、イタリア、スペイン、ロシアの20の国・地域となっている。事業の内容も海外消費者向け事業、海外旅行会社向け事業、在外公館との連携事業、官民連携事業、地方連携事業などを含めた多様な構成となっている。海外消費者向け事業は海外広告宣伝、海外メディア招請、現地消費者向け旅行博出展とイベント開催など、海外旅行会社向け事業は海外旅行会社招請、ツアー共同企画、現地旅行会社向け旅行博出展とイベント開催などを含む。在外公館との連携事業は在外公館等と連携してオールジャパンの体制による訪日プロモーションの展開であり、官民連携事業は海外にネットワークを有する企業と連携し、「日本ブランド」ファンへの訪日プロモーションの展開である。地方連携事業は国と地方が都道府県の枠を超え広域に連携して取り組む訪日プロモーション事業のことである。

図表2-10　日本の観光立国の実現に向けた取組

年月	取組
1996.05	「ウエルカムプラン21（訪日観光交流倍増計画）」公表、2005年までに訪日外国人旅行者数を倍増（700万人）させるとする
1997.06	「外国人観光客の来訪地域の整備等の促進による国際観光の振興に関する法律」（通称「外客誘致法」）公布・施行
2000.05	観光産業振興フォーラム、「訪日外客倍増に向けた取組みに関する緊急提言」（「新ウエルカムプラン21」）採択、2007年を目途に外国人旅行者数800万人を目指すとする
2003.01	小泉純一郎首相（当時）施政方針演説、2010年に訪日外国人を1,000万人にすると宣言
2003.04	ビジット・ジャパン・キャンペーン（VJC）開始
2003.07	「観光立国行動計画」策定、訪日外国人1,000万人目標達成のための施策が盛り込まれる
2004.09	「2010年訪日外客1,000万人達成へのロードマップ」作成
2006.12	「観光立国推進基本法」成立
2007.06	「観光立国推進基本計画」閣議決定

2008.06	第 12 回観光立国推進戦略会議、2020 年訪日外国人 2,000 万人を目指すとする
2008.10	観光庁設置
2012.03	（新）「観光立国推進基本計画」閣議決定
2013.01	「日本再生に向けた緊急経済対策」閣議決定
2013.03	観光立国推進戦略会議、「訪日外国人 2,000 万人時代の実現へ」
2013.06	「観光立国実現に向けたアクション・プログラム」とりまとめ
2014.06	「観光立国実現に向けたアクション・プログラム 2014」とりまとめ
2015.06	「観光立国実現に向けたアクション・プログラム 2015」とりまとめ
2015.11	第 1 回明日の日本を支える観光ビジョン構想会議開催
2016.03	第 2 回明日の日本を支える観光ビジョン構想会議開催 「明日の日本を支える観光ビジョン（案）」とりまとめ

出典：観光庁資料より作成。

図表 2-11 「観光立国実現に向けたアクション・プログラム 2015」の要点

目標：訪日外国人旅行者「2000 万人時代」の早期実現。2000 万人が訪れる年に、外国人観光客による旅行消費額 4 兆円、日本全国で 40 万人の新規雇用創出を目指す。

施策：①インバウンド新時代に向けた戦略的取組
　　　②観光旅行消費の一層の拡大、幅広い産業の観光関連産業としての取り込み、観光産業の強化
　　　③地方創生に資する観光地域づくり、国内観光の振興
　　　④先手を打っての「攻め」の受入環境整備
　　　⑤外国人ビジネス客等の積極的な取り込み、質の高い観光交流
　　　⑥「リオデジャネイロ大会後」、「2020 年オリンピック・パラリンピック」及び「その後」を見据えた観光振興の加速

出典：観光庁資料より作成。

　外国人旅行者向けの消費税免税制度については、1988 年（昭和 63 年）に施行された「消費税法」に盛り込まれたが、それが 2014 年（平成 26 年）に大きく改正され（同年 10 月 1 日から施行）、従来免税販売の対象となっていなかった消耗品（食品類、飲料類、薬品類、化粧品類、その他の消耗品）を含めた、全ての品目が消費税免税の対象となった。

　消費税免税制度の改正と合わせて、地方における免税店の拡大が講じられ、2014 年 4 月 1 日時点では 5,777 店であったが、2015 年 4 月 1 日時点では約 3 倍の 18,779 店（対前年比 225.1％増）となった（図表 2-12）。また、免税情報発信サイトのオープンやポスター、リーフレット

を活用した情報発信、「百貨店免税ガイドブック」の配布などを含めた訪日外国人旅行者向け免税情報発信の強化にも力が入れられるようになった。日本百貨店協会の資料によると、消費税免税を行っている百貨店における1店舗当たりの免税購買客数は2014年10以降、それまでのおよそ2倍の水準に増加した。売上高を見ると、免税対象に拡大された消耗品のみならず一般物品の売上高も増加したという（日本交通公社『旅行年報』2015年、p.92）。

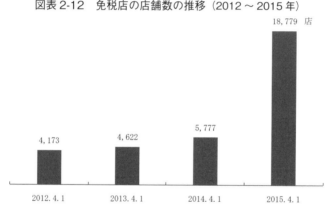

図表2-12　免税店の店舗数の推移（2012～2015年）

出典：観光庁『観光白書』平成27年版より作成。

　2015年4月の税制改正により、免税手続きの第三者への委託が可能となり、商店街や物産センターなどにおいて免税手続きのための一括カウンターを設置することができるようになった。併せて一括カウンターでは店舗を超えて購入金額の合算を認めることとされた。また、外航クルーズ船の寄港時にふ頭に臨時出店する仮設店舗の免税許可申請の簡素化も図られた。これらの制度改正により、従来の大規模店舗に加えて、観光地の小規模店舗でも許可申請の動きが広まってきている（日本交通公社『旅行年報』2015年、p.92）。

(3) 日本の中国人入国規制の緩和
　日本への中国人観光客の入国は厳しく制限されていたが、2000年の団体観光ビザの解禁を皮切りに、順次緩和されてきており、2009年7月に

個人観光ビザの発給も開始した。入国規制の緩和が直接訪日中国人旅行者の増加につながった。

2000年9月、中国人団体観光ビザが解禁され、訪日団体旅行が開始した。ただし、対象者は北京市、上海市、広東省に限定された。2004年9月、発給の対象は遼寧省、天津市、山東省、江蘇省、浙江省5地に拡大し、さらに2005年7月に中国全土に拡大した。

2008年3月、家族観光ビザが解禁し、中国人訪日家族観光旅行が開始した。ただし、十分な経済力（年収25万元以上が目安）が要求された。

2009年7月に個人観光ビザが解禁し、中国人訪日個人旅行がついに開始したが、対象地域は北京、上海、広州3地限定でかつ十分な経済力を有することなど相当厳しい条件が設けられていた。そこで2010年に入って個人観光ビザ発給対象が中国全土に拡大し、発給要件も従来の年収25万元以上の「富裕層」から6万元以上の「中間層」へと大きく緩和された。さらに2011年以降、沖縄と東日本大震災被災3県の観光振興や震災復興のため、最初の訪日時に沖縄県または東北3県（岩手、宮城、福島）のいずれかの県に1泊以上する者に限って数次ビザ（3年間有効）の発給が実施され、条件も「一定の経済力を有するもの」と緩和された。

2014年11月、中国人に対するビザ発給要件が以下のように緩和された（運用開始は2015年1月19日）。①商用目的の者や文化人・知識人に対する数次ビザ：これまで求めていた日本への渡航歴要件の廃止、日本側身元保証人からの身元保証書等の書類要件の省略。②個人観光客の沖縄・東北3県数次ビザ：これまで家族のみでの渡航が認められなかったが、家族のみの渡航も可能となる。③相当の高所得者に対する個人観光数次ビザ：相当の高所得を有する者とその家族に対しては、1回目の訪日の際における特定の訪問地要件（沖縄・東北3県のいずれかに1泊すること）を設けない数次ビザ（有効期間5年、1回の滞在期間90日）の発給を開始する（外務省ホームページ http://www.mofa.go.jp）。

以上のように、比較的厳しい条件が付けられているものの、中国人に対するビザの発給が徐々に緩和されてきた。計算によると、発給要件を年収25万元以上から6万元以上まで下げると、ビザ取得対象世帯数は従来の約10倍の1,600万世帯に増加したという。また、このビザ緩和措置は中

国でどの程度知られているかについて訪日意欲がある北京、上海在住の年収6万元以上の中国人を対象に行われた調査によると、「知っている」と答えたのは全体の4分の3に達し、過去に日本訪問の経験があるリピーターに限定すると9割以上が知っているとの結果であり（日本経済新聞社産業地域研究所 2010、p.6）、ビザ発給要件の緩和が訪日旅行者数の増加に大きな連関があることと、訪日意欲のある中国人の間でビザ緩和の情報への関心が非常に高いことがうかがえる。

図表 2-13　日本の中国人入国規制緩和の経緯

年月	緩和施策
2000.09	団体観光ビザ解禁、訪日団体観光旅行開始 【対象者】北京市、上海市、広東省に限定（所得要件なし、4～40名程度） 【添乗員】日本側及び中国側旅行会社各1名
2004.09	訪日団体観光旅行の対象地域を遼寧省、天津市、山東省、江蘇省、浙江省に拡大 中国人修学旅行生に対するビザ免除
2005.07	訪日団体観光旅行の対象地域を中国全土に拡大
2008.03	家族観光ビザ解禁、訪日家族観光旅行開始 【対象者】十分な経済力を有する者（年収25万元以上が目安）とその家族（2～3名） 【添乗員】日本側及び中国側旅行会社各1名
2009.07	個人観光ビザ解禁、訪日個人観光旅行開始 【対象者】十分な経済力のある者（年収25万元以上が目安）と同行する家族 【手続き】日本側旅行会社の身元保証を得た上で、中国側旅行会社を通じてビザ発給申請 【添乗員】なし 【失踪防止策】失踪者発生の場合に日本側及び中国側の旅行会社に課されるペナルティ （一定期間の取扱い停止措置）を団体・家族観光より強化 【実施時期】2009年7月から北京、上海、広州において試行開始

2010.07	個人観光ビザ発給対象地域が中国全土に拡大、発給要件も「十分な経済力を有する者（年収25万元以上）」から、「大手クレジットカードのゴールドカードを保有」、「官公庁や大企業の課長級以上」、「年収6万元以上の安定した収入」へと緩和
2011.07 2011.09	沖縄を訪問する中国人個人観光客に対する数次ビザ（3年間有効）発給開始 個人観光ビザの発給要件を「一定の経済力を有するもの」と緩和
2012.07	東日本大震災被災3県(岩手、宮城、福島)訪問の中国人旅行者に数次ビザ発給開始
2014.11	高所得中国人観光客を対象に1回目訪日際の特定訪問地要件を設けない数次ビザ発給開始

出典：各種資料より作成。

(4) 国主導の日中観光交流の展開

2000年以降、日中両国及び日中韓3国の政府の主導により、相互の観光交流が積極的に行われてきた。特に日中韓観光大臣会合が2006年以来ほぼ毎年開催され、日中韓3国間における観光交流の推進に大きな役割を果たしている（図表2-14）。その努力が奏功し、2011年東日本大震災及び2012年尖閣諸島国有化事件までに訪日中国人と訪中日本人のいずれも急速な増加を示している。2012年尖閣諸島国有事件後、訪中日本人が大きく減少している。訪日中国人が事件の影響で2013年に一時減少したが、2014年に再び増加に転じ、しかも事件前と比べて大きな増加となったのである（図表2-15参照）。

図表2-14　日中観光交流の展開（2000～2015年）

年月	取組
2000.05	「日中文化観光交流使節団2000」派遣
2002.05 2002.09	日中友好文化観光交流式典開催 人民大会堂での日中国交正常化30周年記念式典に日本から13,000人が出席
2003.08	中国ビジット・ジャパン・キャンペーン推進会設置、会長阿南惟茂駐中国大使
2004.09	観光ビザ発給対象地域拡大に伴う中国4省1市からの訪日団体観光客第1陣来日歓迎式典

2005.07	訪日団体観光ビザ発給対象地域中国全土拡大記念訪日観光団第1陣歓迎式典開催
2006.03 2006.05 2006.07 2006.12	日中観光交流年オープニングイベント開催 中国雲南省、日中文化・観光交流促進シンポジウム開催 第1回日中韓観光大臣会合開催（北海道）、「日中韓三国間の観光交流と協力の強化に関する北海道宣言」公表 日中交流拡大方策検討委員会開催
2007.06	第2回日中韓観光大臣会合開催（青島）、「日中韓三国間の観光交流と協力の強化に関する青島宣言」公表
2008.06	第3回日中韓観光大臣会合開催（釜山）、「日中韓三国間の観光交流と協力の強化に関する釜山宣言」公表
2009.01 2009.07 2009.10	日本香港観光交流年記念行事開催 中国個人観光ビザ第1陣歓迎セレモニー実施 第4回日中韓観光大臣会合開催（名古屋）、「第4回日中韓観光大臣会合共同声明」公表
2010.08 2010.09	第5回日中韓観光大臣会合開催（杭州・湖州）、「低炭素観光に関する日中韓共同提案」公表 観光庁が中国銀聯と覚書締結
2011.05	第6回日中韓観光大臣会合開催（平昌）、「第6回日中韓観光大臣会合共同声明」公表
2012.03 2012.06	日中国交正常化40周年記念観光交流事業推進委員会設立 日中国交正常化40周年記念事業「活力日本、銀聯随行」キャンペーンが日本全国で開催
2013.02	日中平和友好条約締結35周年記念イベント「歓楽春節　春節祭 in 富士山」開催
2015.04	第7回日中韓観光大臣会合開催（東京）、「第7回日中韓観光大臣会合共同声明」公表

出典：観光庁資料より作成。

図表 2-15　訪中日本人数と訪日中国人数の推移（1978～2015 年、人）

年	訪中 日本人数	訪日 中国人数	備考
1978	27,828	7,220	日中平和友好条約調印。新東京国際空港（成田空港）開港。日本、世界観光機関 (UNWTO) 加盟
1979	106,382	12,195	日中文化交流協定調印。対中第1次円借款契約調印
1980	169,308	21,220	中国、深圳など4都市に経済特区設立決定
1981	223,511	18,142	
1982	245,103	320,756	中国、国家旅游局設置
1983	265,033	26,655	中国、世界観光機関に加盟。東京ディズニーランド開業

1984	386,169	47,811	中国、沿海 14 都市の対外開放決定
1985	470,492	90,914	
1986	483,507	69,270	日本、「国際観光モデル地区」一次指定 (15 地区)
1987	577,702	69,561	日本、「国際観光モデル地区」二次指定 (18 地区)
1988	591,929	108,511	
1989	358,828	97,451	天安門事件
1990	463,265	105,993	日本人海外旅行者が 1,000 万人、外国人訪日旅行者が 300 万人を超える
1991	640,859	130,487	日本、観光交流拡大計画策定
1992	791,528	183,220	ハウステンボス開業、成田空港第 2 ターミナル供用開始
1993	912,033	206,743	日本、新「国際観光ホテル整備法」施行
1994	1,141,225	193,486	関西国際空港開港
1995	1,305,190	220,715	阪神・淡路大震災。「村山談話」発表
1996	1,548,843	241,525	日本、「ウエルカムプラン 21」公表
1997	1,581,747	260,627	中国、「中国公民自費出国旅游管理暫行弁法」施行。日本、「外客誘致法」施行
1998	1,572,098	267,180	長野オリンピック
1999	1,855,197	294,937	
2000	2,201,528	351,788	中国、日本への旅行解禁、訪日団体旅行第 1 陣日本到着
2001	2,385,700	391,384	ユニバーサル・スタジオ・ジャパン（USJ）開業
2002	2,925,553	452,420	日中友好文化観光交流式典
2003	2,254,800	448,782	日本、ビジット・ジャパン・キャンペーン開始
2004	3,334,255	616,009	「銀聯カード」の国外使用が可能に
2005	3,389,976	652,820	「愛・地球博」
2006	3,745,881	811,675	日中韓観光大臣会合開催
2007	3,977,479	942,439	日本、「観光立国推進基本法」、「観光立国推進基本計画」施行
2008	3,446,117	1,000,416	四川大地震。北京オリンピック。日本、観光庁設置
2009	3,317,459	1,006,085	新型インフルエンザ発生
2010	3,731,200	1,412,875	上海万博
2011	3,658,169	1,043,246	東日本大震災
2012	3,518,153	1,425,100	日本、「観光立国推進基本法」閣議決定。「尖閣諸島国有化」決定

2013	2,877,533	1,314,437	2020 年東京オリンピック・パラリンピック開催決定
2014	2,717,600	2,409,158	日本、消費税が 5％から 8％に増税
2015	2,497,700	4,993,800	中国、訪日外国人旅行者第 1 位に。2022 年北京冬季オリンピック・パラリンピック開催決定

出典：日本政府観光局（JNTO）資料及びその他資料より作成。

注：

1) 中国共産党第 11 期中央委員会第 3 回全体会議の略。

2) 1980 年代から鄧小平に提唱され中国の改革開放の基本原則にされるものである。合理的な範囲での所得格差の発生を是認し、条件の整った一部の地域及び一部の人々を優先的に発展させ、先に豊かになった地域及び人々がその他の地域、人々の発展を支援することによって、最終的には共同富裕を達成するというものである。

3) 鄧小平の先富論を根拠に沿海地域を優先的に発展させる政策である。具体的には「東部沿海地帯の発展テンポを加速し、エネルギー、素材産業の建設の重点を中部地帯におき、西部地帯には開発のための準備を進めていく」という方針の下に沿海地域への傾斜投資や沿海地域地方政府自主権の拡大、沿海地域における経済特区、開放都市、経済開放区などの設置などが実施された。詳しくは張兵（2014）参照。

4) 人民公社とは社会主義時代に農民と農村、農業の集団化のためのものである。農民がその中に組織され、共同労働、共同生活が求められたが、働いても働かなくても同じという悪平等が蔓延してしまった。1982 年から改革開放の進行と伴って解体された。

5) 社会主義時代、企業が政府によって完全にコントロールされ、自主性と積極性が全くなかったが、改革開放の進行に伴って政府による管理が緩和され、企業における自主性が徐々に与えられ拡大した。

6) 社会主義時代は私有制が認められなかったが、改革開放への転換に伴って、外資企業や民営企業、個人企業などが認めるようになった。

7) 3,000 ドルを超えると、人々の生活に必要最低限の衣食住が足りるようになり、家電などの耐久消費財が普及し、消費が爆発的に拡大するとの説である。

8) 国際通貨基金（IMF）による 2015 年 10 月時点の推計。

9) 承認基準には、中国への観光客送り出し国であることと、政治上の友好関係を有しており、国民レベルの交流が外交政策に合致することなどがある（「中国公民出国旅游管理弁法」による）。

10) その前身は 1964 年 4 月に発足した特殊法人国際観光振興会である。

第 3 章
訪日中国人旅行者は
中国のどこから来ているか

第 3 章　訪日中国人旅行者は中国のどこから来ているか

1．中国はどんな国

　中国の国土面積は 960 万 km² に達し、日本の約 26 倍があり、ヨーロッパ全体を合わせたよりも広いのである。この広大な国土に、日本の人口の約 10 倍、世界人口の約 5 分の 1 に相当する約 14 億の人口が居住している。これほど巨大な国だけに、気候、地形や天然資源の賦存など自然地理的条件の差異は言うまでもなく、人口密度、インフラストラクチャーや産業の分布、経済発展のレベルにも大きな地域差がある。

　総じて言えば、中国の地形構造は西高東低型であり、国土総面積の 7 割近くを占める山地、高原、丘陵地帯の大半が西・中部内陸地域に偏在し、平原はほとんど東部沿海地域に集中している。そのゆえ、人口分布が非常にアンバランスであり、面積 7 割の西部に 3 割の人口、面積 1 割の東部に 4 割の人口が住んでいる。また、中国は多民族国家でもあり、全人口の 92％を占め、主に 3 大河川（黄河、長江、珠江）の中・下流域と東北平原に住んでいる漢民族のほかに、西南・西北部の辺境地域を中心に 55 の少数民族が分布している。

図表 3-1　中国省級（1 級）行政区図

出典：旅情中国ホームページ（http://www.chinaviki.com）。

中国の1級行政区である省級行政区から見ていこう。

中国の1級行政区は省級行政区といい、大陸に31の行政区がある。省は河北省、山東省など22の省がある。自治区は少数民族自治区のことで内モンゴル自治区、広西壮族自治区、チベット自治区、新疆ウイグル自治区、寧夏回族自治区の5つがある。直轄市は中央政府が直轄する特別重要大都市のことで北京市、天津市、上海市、重慶市の4つがある。省、自治区、直轄市のほかに「一国二制度」[1]のもと特別行政区として香港特別行政区[2]とマカオ特別行政区[3]がある。香港とマカオを含むと、中国には計33の1級行政区がある[4]（図表3-1、3-2）。

これほど広大な国土に対して、経済発展戦略上では、画一的に律することが明らかに不可能である。そのため、建国以来、さまざまな経済ブロックが想定され、地域経済政策が試みられてきた。

中華人民共和国成立の初期、中央政府は、全国を東北、華北、華東、中南、西南、西北という「6大区」に区分すると同時に、経済政策の策定にあたっては、全国をおおまかに「沿海」と「内陸」という2つの地域に分けて政策の区分を行った。

1960～1970年代、当時の国防戦略と経済形勢の考慮から、全国を「一線」（沿海地域）、「二線」（沿海や国境に近い内陸部）、「三線」（四川省、貴州省、陝西省、甘粛省など沿海からも国境からも遠い内陸部）という3つの地域に分けたが、その後、また「沿海」と「内陸」という2地域区分に戻った。

第7次5カ年計画[5]（1986～1990年）では、地域的配置と地域経済発展政策として、沿海を「東部沿海地帯」とし、内陸を「中部地帯」と「西部地帯」に分けて、全国が東部、中部、西部の3つの地域に区分することとなった。「東部沿海地帯」には遼寧省、北京市、天津市、河北省、山東省、江蘇省、上海市、浙江省、福建省、広東省、広西壮族自治区の11地区、「西部地帯」には四川省、貴州省、雲南省、チベット自治区、陝西省、甘粛省、寧夏回族自治区、青海省、新疆ウイグル自治区の9地区が含まれるが、1988年に海南島が広東省から分離して省に昇格し、1997年に重慶は四川省から分離して直轄市に昇格したため、「東部沿海地帯」は12地区、「西部地帯」は10地区となり、「中部地帯」は残る9地区（黒龍江省、吉林省、

内モンゴル自治区、山西省、河南省、湖北省、湖南省、安徽省、江西省）を指す。以来、第 11 次 5 カ年計画採択（2006 年 3 月）まで、この区分は、中国中央政府の経済政策と地域政策の枠組みとして利用されている。

　2006 年 3 月に採択された第 11 次 5 カ年計画（2006 ～ 2010 年）は、「全面的小康社会」を国の発展目標とし、「地域の協調発展の促進」を第 11 次 5 カ年計画期における主要課題の 1 つに取り上げた上で、地域発展のための総合戦略として、①西部大開発の推進、②東北地区等旧工業基地の振興、③中部地域崛起の促進、④東部地域先行発展の奨励、⑤旧革命根拠地、少数民族地域、辺境地域の発展の支援、⑥地域の相互協調メカニズムの健全化の 6 つを取り入れている。ここでは、国の地域政策として、公式に全国を東部、中部、西部、東北（従来中部に区分された黒龍江省、吉林省と、東部に区分された遼寧省を含む）という 4 つの地域に区分し、これらの地域の相互協調、共同発展を提起している。現在に至るまで、この 4 つの地域区分は新たな経済政策と地域政策の枠組みとして定着している（張兵 2014）。

　2014 年時点の全国総人口は 13 億 6,782 万人であるが、うち東部地域は 5 億 2,169 万人（全国総人口の 38.1％）、中部地域は 3 億 6,262 万人（同 26.5％）、西部地域は 3 億 6,839 万人（同 26.9％）、東北地域は 1 億 977 万人（同 8.0％）となっている。面積は全国面積 960 万 km^2 のうち、東部地域は 91.9 km^2（全国総面積の 9.5％）、中部地域は 104.0 km^2（同 10.8％）、西部地域は 687.8 km^2（同 71.4％）、東北地域は 80.0 km^2（同 8.3％）となっている。GDP を見ると、2014 年全国 GDP は 636,462.7 億元であるが、うち東部地域は 350,052.5 億（全国 GDP 総額の 51.2％）、中部地域は 138,671.7 億元（同 20.3％）、西部地域は 138,073.5 億元（同 20.2％）、東北地域は 57,469.8 億元（同 8.4％）となっている。

　経済発展の側面から見ると、1 つの中国に 3 つの世界があると思われるほど地域間の格差が非常に大きい。すなわち、北京、天津、上海は第 1 世界で、経済発展レベルはすでに世界の高収入国家に相当する。遼寧、山東、江蘇、浙江、福建、広東といった沿岸部省は第 2 世界で、世界の「中」レベル収入の国家に相当する。ほかの地域は第 3 世界で、主に中・西部に位置し、世界の「中の下」または低レベル収入の国家に相当する。図表

3-3 は中国の省別 1 人当たり GDP を示すものであるが、中国における地域差が極めて大きいことはこの図表から読み取れる。

このように、中国は地理的条件が異なり、かつ多様な発展段階にある複数の地域からなる大国である。中国を見る場合、地理的にも経済的にも差の大きい複数の地域の集合体として捉えることは極めて重要である。

なお、省とはいえ、図表 3-2 を見てわかるように、中国の多くの省級行政区は国並みの人口と面積を持っている。例えば、人口数の多い省を挙げると、広東省は 1 億 724 万人、山東省は 9,789 万人、河南省は 9,436 万人で 3 つの省が 1 億人級の人口大省であり、さらに四川省 8,140 万人、江蘇省 7,960 万人、河北省 7,384 万人、湖南省 6,737 万人、安徽省 6,083 万人、湖北省 5,816 万人、浙江省 5,508 万人と続き、5,000 万人以上の省が合計 10 省もあるのである。

図表 3-2 　中国の省級行政区（1 級行政区）概要

		行政区	通称	略称	省都	面積 （万 km^2）	人口 （万人）
東部	1	北京市	北京	京	—	1.7	2,152
	2	天津市	天津	津	—	1.2	1,517
	3	河北省	河北	冀	石家荘	19.0	7,384
	4	山東省	山東	魯	済南	16.0	9,789
	5	江蘇省	江蘇	蘇	南京	10.0	7,960
	6	上海市	上海	滬	—	0.6	2,426
	7	浙江省	浙江	浙	杭州	10.0	5,508
	8	福建省	福建	閩	福州	12.0	3,806
	9	広東省	広東	粤	広州	18.0	10,724
	10	海南省	海南	瓊	海口	3.4	903
中部	1	山西省	山西	晋	太原	16.0	3,648
	2	河南省	河南	豫	鄭州	17.0	9,436
	3	安徽省	安徽	皖	合肥	14.0	6,083
	4	湖北省	湖北	鄂	武漢	19.0	5,816
	5	湖南省	湖南	湘	長沙	21.0	6,737
	6	江西省	江西	贛	南昌	17.0	4,542

西部	1	陝西省	陝西	陝・秦	西安	21.0	3,775
	2	四川省	四川	川・蜀	成都	49.0	8,140
	3	重慶市	重慶	渝	—	8.2	2,991
	4	貴州省	貴州	黔・貴	貴陽	18.0	3,508
	5	雲南省	雲南	滇・雲	昆明	39.0	4,714
	6	青海省	青海	青	西寧	72.0	583
	7	甘粛省	甘粛	甘・隴	蘭州	43.0	2,591
	8	広西壮族自治区	広西	桂	南寧	24.0	4,754
	9	チベット自治区	チベット	蔵	拉薩	123.0	318
	10	新疆ウイグル自治区	新疆	新	烏魯木斉	166.0	2,298
	11	寧夏回族自治区	寧夏	寧	銀川	6.6	662
	12	内モンゴル自治区	内モンゴル	内蒙古	呼和浩特	118.0	2,505
東北	1	黒龍江省	黒龍江	黒	哈爾浜	46.0	3,833
	2	吉林省	吉林	吉	長春	19.0	2,752
	3	遼寧省	遼寧	遼	瀋陽	15.0	4,391
全国						960.0	136,782
	1	香港特別行政区	香港	港	—		724
	2	マカオ特別行政区	マカオ	澳	—		62

注：人口は 2014 年の年末総人口数。

出典：21 世紀中国総研編『中国の省・市・自治区経済』、『中国情報ハンドブック』2015 年版より作成。

2. 省別に見る中国の国際観光力

　中国には「3つの世界がある」と言えるほど地域間の所得格差が非常に大きいと上述したが、住民の海外旅行の能力と規模も同じように大きな地域差がある。これまでは海外旅行者は主に比較的発展している東部沿岸部から出ているという（中国旅遊研究院『2015 年中国旅遊経済運行分析与 2016 年発展予測』、p.52）。図表 3-3 は中国の省別 1 人当たり GDP と国際観光潜在力を示すものであるが、これを見てわかるように、国際観光潜在力得点と 1 人当たり GDP 額は正の相関関係があり、GDP 額上位の省ほど国際観光潜在力得点が高くなっている。具体的に、国際観光潜在力得点上位 10 位は北京、広東、上海、江蘇、浙江、山東、天津、遼寧、福建、

湖北の順で1位から9位までは全て沿岸部にある。中国の地域から見た経済力が東部から中部、西部へと次第に小さくなっていくと同じ、国際観光潜在力も東部から中部、西部へと梯子状の格差が存在している。

図表 3-4 は「中国海外旅行四半期報告 2015Q3」から発表された 2015年第1四半期中国の省別旅行会社海外旅行手配ランキングである。1位から8位は広東、北京、上海、遼寧、浙江、江蘇、山東、福建の順でやはり沿岸部に集中している。また、同報告は、沿岸部が中国の海外旅行市場をリードしている原因について、その経済が比較的発展していることと交通が中・西部より便利であることを挙げている。一方、図表 3-3、3-4 を見てわかるように、中・西部の省も国際観光力が上昇してきて、これからは海外旅行市場が東部から中・西部へ拡大していくことが予想される。

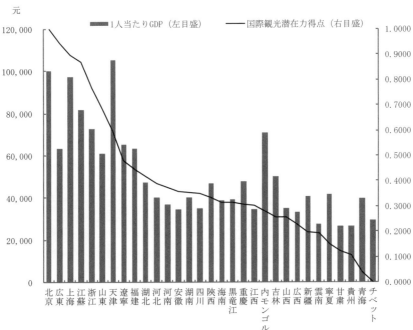

図表 3-3　中国の省別1人当たり GDP と国際観光潜在力（2014年）

出典：1人当たり GDP は中国国家統計局『中国統計摘要』2015 年版より、国際観光潜在力は中国旅遊研究院『中国出境旅遊発展年度報告』2015 年版より作成。

図表 3-4　中国の省別旅行会社国際観光手配ランキング（2015 年第 1 四半期）

順位	地域	順位	地域	順位	地域
1	広東	11	湖北	21	河南
2	北京	12	重慶	22	吉林
3	上海	13	黒竜江	23	江西
4	遼寧	14	陝西	24	甘粛
5	浙江	15	河北	25	内モンゴル
6	江蘇	16	山西	26	貴州
7	山東	17	広西	27	新疆
8	福建	18	雲南	28	海南
9	湖南	19	天津	29	寧夏
10	四川	20	安徽	30	青海
				31	チベット

出典：中国旅遊研究院『2015 年中国旅遊経済運行分析与 2016 年発展予測』より作成。

3. 都市別に見る中国の国際観光力

　以上では中国の各地域の経済力と国際観光力について省別に見て、そのいずれも沿岸部がリードしていると述べたが、これについて都市の視点から見る必要もある。なぜならば、中国の地域格差については、東部、中部、西部といった地帯間の格差だけではなく、都市と農村の間にも大きな格差があるからである。図表 3-5 は中国の都市家庭と農村家庭の 1 人当たり所得の推移を示しており、2014 年を例に見てみると、都市家庭と農村家庭の 1 人当たり所得はそれぞれ 28,844 元、9,892 元で約 3 倍の差が存在している。

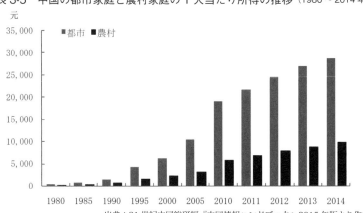

図表 3-5　中国の都市家庭と農村家庭の 1 人当たり所得の推移（1980～2014 年）

出典：21 世紀中国総研編『中国情報ハンドブック』2015 年版より作成。

第 3 章　訪日中国人旅行者は中国のどこから来ているか　　45

図表 3-6　中国主要都市の1人当たり GDP（2014 年）

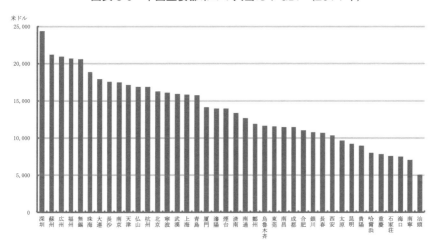

注：①長春、哈爾浜は 2013 年。
　　②2014 年 1 人当たり GDP（米ドル）は 1 米ドル＝ 6.1428 元で算出。
出典：21 世紀中国総研編『中国情報ハンドブック』2015 年版より作成。

図表 3-7　中国主要都市の年末常住人口（2014 年）

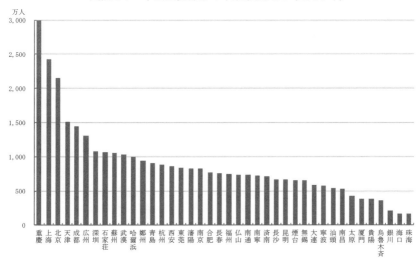

注：大連、長春、哈爾浜、寧波、長沙、南寧、海口、貴陽は 2013 年。
出典：21 世紀中国総研編『中国情報ハンドブック』2015 年版より作成。

そこで、多くの都市は内陸部に位置するにもかかわらず、その所得は決して沿岸部の都市より低くなく、またその人口数も沿岸部の都市よく少なくない。図表 3-6 では中国主要都市の 1 人当たり GDP、図表 3-7 はその常住人口を示しているが、多くの内陸部都市も中に含まれている。

　一般的に GDP が 1 万ドルを超えると出国率が高くなり、海外旅行が本格化すると言われる（「1 万ドルライン」）（野村総合研究所 2015 年 10 月「中国人訪日旅行者の実態とニーズ」①）が、2014 年時点で 1 万ドルクラブ入りした中国の都市は 30 以上（うち内陸部都市 10）もあり、その住民数は日本の総人口を上回っている。

　もう 1 つ注目してほしいのは、中国における都市化率[6]の急速な上昇である。社会主義時代において、農村人口の都市部への移動を厳しく制限する戸籍制度が行われたが、改革開放以降、都市部における食料品配給制度の廃止、人民公社の解体、戸籍制度及び住宅制度の改革、地域間及び都市農村間所得格差の拡大などを背景に、内陸部をはじめとする地方農村から沿海都市部への大規模な人口移動が生じ、それに伴って都市化が急激に進んできた。1980 年 19.4％であった都市化率は、1990 年 26.4％、2000 年 36.2％、2010 年 50.0％と急激に上昇し、2011 年に 51.3％となってついに農村人口と都市人口が逆転し、2014 年には都市化率が 54.7％に達した（図表 3-8）。国連の予測によると、現在 7 億の中国都市人口は、2017 年に 8 億、2022 年に 9 億、2030 年に 10 億を突破する勢いであり、これから中国は大都市化の時代に突入しようとしている（21 世紀中国総研編 2014『中国の省・市・自治区経済』、p.38）。都市化の推進が中国でも経済成長の重要な牽引力の 1 つとして期待されているように、都市化の進展と都市人口の増加は中国の国民所得の上昇、海外旅行市場の拡大にもつながるものと考えられる。

　現在、日中直行便の就航都市は図表 3-9 のとおりである。中国側の就航都市を見ると、成都や重慶、西安、昆明、武漢、鄭州など多くの内陸都市も含まれていることがわかる。

　日本政府が行っている中国市場訪日プロモーション方針（図表 3-10）は、地域について北京、上海、広東といった 3 大都市圏[7]、階層については30 〜 40 歳代家族層（団体旅行、初訪日層）を最重要ターゲット層にし、

次いで 20 ～ 30 歳代女性層（個人旅行、リピーター層）などを主要ターゲット層にしているが、この方針は正確であろうか。

図表 3-8　中国の都市化率の推移（1978 ～ 2014 年）

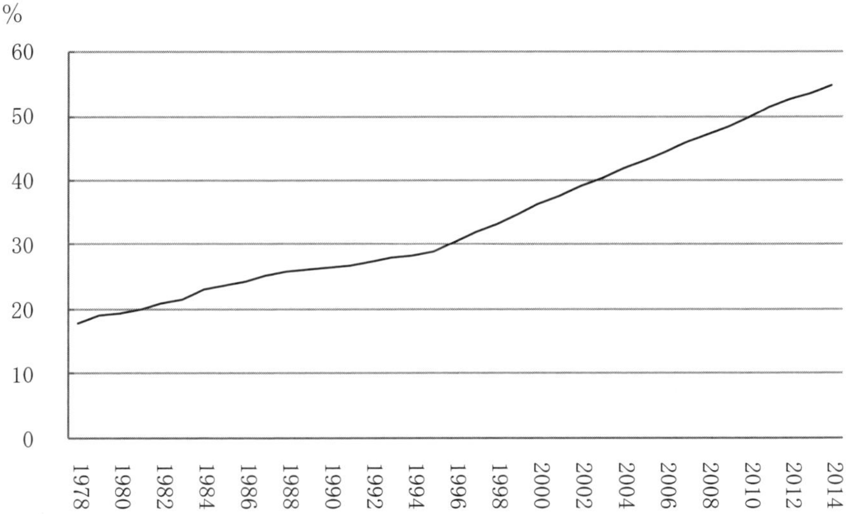

出典：中国国家統計局『中国統計摘要』2015 年版より作成。

　中国には地域的に先進地域、中進地域、後進地域といった 3 つの世界があり、特に沿岸部と内陸部、都市部と農村部の格差が大きいと述べたが、この「3 つの世界」概念は階層の状況にも当てはまると考える。すなわち、14 億の中国人には大きな所得格差があって、その所得レベルによって大まかに①富裕層、②中間層、③貧困層という 3 つの階層に区分することができよう [8]。

図表 3-9　日中直行便の就航都市（2014 年）

日本側の就航都市（計 21 都市）						中国側の就航都市（計 23 都市）					
羽田	成田	関西	中部	福岡	新千歳	北京	上海	広州	成都	長春	重慶
旭川	仙台	茨城	静岡	新潟	小松	大連	杭州	南京	青島	瀋陽	深圳
富山	岡山	広島	松山	高松	鹿児島	厦門	西安	福州	済南	昆明	哈爾浜
佐賀	長崎	沖縄				天津	武漢	無錫	煙台	鄭州	

出典：観光庁資料より作成。

図表 3-10　観光庁が策定した中国市場訪日プロモーション方針（2015 年）

基本方針	中国 3 大都市圏（北京・上海・広東）の個人旅行者やリピーターに向けて、プロモーションの重点地域として九州を設定し、定番の訪問地となるよう継続的なプロモーションを行う。また、中国内陸部・沿岸部において、ショッピングやカジュアルクルーズの魅力を発信し、初訪日層の獲得も図る。
最大ボリューム層	30 〜 40 歳代家族層（団体旅行、初訪日層） 訴求テーマ：家族で旅行することを想定した日本の魅力（ショッピング、テーマパーク、クルーズ、桜・紅葉、日本食）
準ボリューム層	20 〜 30 歳代女性層（個人旅行、リポーター層） 訴求テーマ：定番以外の新しい日本の魅力（九州、温泉旅行、鉄道、ポップカルチャー）
潜在的ボリューム層	旅行・口コミサイト利用層 訴求テーマ：滞在型旅行、現代アート、ラグジュアリー
将来的ボリューム層	教育旅行（中・高校） 訴求テーマ：日本の文化・技術体験や日本人との交流（学校交流、文化体験、環境技術見学）

出典：観光庁資料より作成。

　では、ここでは実際に日本に訪れる中国人はどんな人で、中国のどこから来ているかについて見てみよう。データは 2015 年のものである。

　2015 年訪日中国人の男女別は男性 44.8％、女性 55.2％で女性のほうがやや多い。年齢別では男女のいずれも 20 代〜 30 代の若年層がメインであり、合計で 20 代、30 代の男女が訪日中国人旅行者全体の 6 割以上を占めている。次いで 40 代で全体の約 2 割を占めている（図表 3-11）。

　訪日中国人の同行者を見ると、全体の 35.9％、観光客の 47.1％が家族・親族、全体の 14.5％、観光客の 17.3％が夫婦・パートナーで、中国人の訪日は主に家族旅行であることがわかる（図表 3-12）。

第3章 訪日中国人旅行者は中国のどこから来ているか　　49

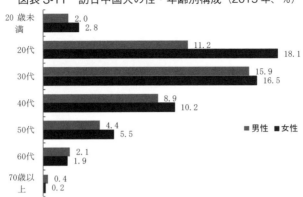

図表 3-11　訪日中国人の性・年齢別構成（2015年、％）

出典：観光庁「訪日外国人の消費動向平成27年年次報告書」より作成。

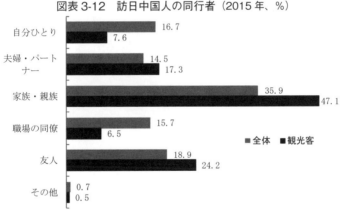

図表 3-12　訪日中国人の同行者（2015年、％）

出典：観光庁「訪日外国人の消費動向平成27年年次報告書」より作成。

　図表 3-13 は 2015 年訪日中国人の世帯年収を示すものである。500 万円未満が 53.9％で最も多いが、500 万円以上は 46.1％にも達している。図表 3-5 と図表 3-17 で示しているが、2014 年中国の都市家庭の 1 人当たり所得は全国平均で 28,844 元であり、2014 年時点の人民元と円の為替レート（高位：1 元 = 19.5 円、低位：1 元 = 16.5 円）で換算すると、約 48 万円〜 56 万円となる。中国では夫婦共働きが基本であるため、1世帯の年収は単純計算して約 96 万円〜 112 万円となる。図表 3-17 で示

しているように、中国では地方によって収入格差が大きいとのこともあるが、日本に訪れる中国人旅行者が比較的収入の高い層であると考えられる。

旅行手配方法については、「団体ツアーに参加」の割合は中国人全体が 42.9％、観光客が 56.2％であり、訪日外国人全体と比べて（それぞれ 25.6％、33.5％）、訪日中国人の場合は比較的団体旅行が多い（図表 3-14）。

図表 3-13　訪日中国人の世帯年収（2015 年）

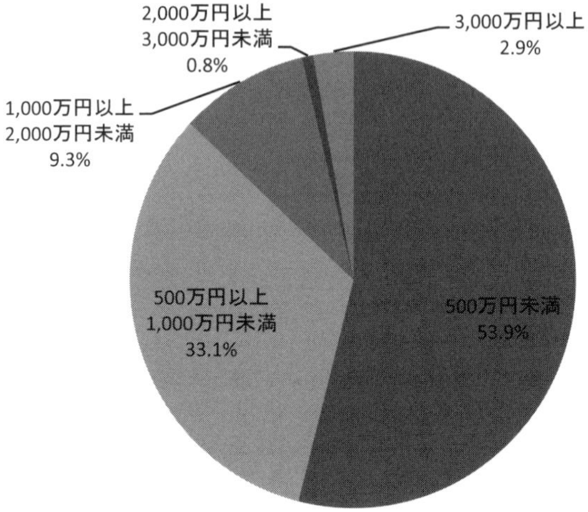

2,000万円以上
3,000万円未満
0.8%
3,000万円以上
2.9%
1,000万円以上
2,000万円未満
9.3%
500万円以上
1,000万円未満
33.1%
500万円未満
53.9%

出典：観光庁「訪日外国人の消費動向平成 27 年年次報告書」より作成。

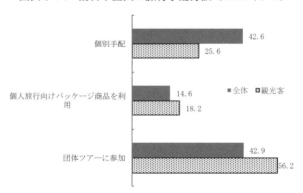

図表 3-14　訪日中国人の旅行手配方法（2015 年、％）

個別手配
42.6
25.6
個人旅行向けパッケージ商品を利用
14.6
18.2
全体
観光客
団体ツアーに参加
42.9
56.2

出典：観光庁「訪日外国人の消費動向平成 27 年年次報告書」より作成。

訪日中国人の63.0％が1回目で、訪日外国人旅行者全体の41.3％に比べて1回目の割合が比較的高く、リピーターの割合が比較的低いことがわかる。

日本での滞在日数は3日間以内の割合は中国人が1.7％、訪日外国人全体が10.4％、4〜6日間の割合は中国人が54.2％、外国人全体が51.0％、7〜13日間の割合は中国人32.4％、外国人全体が26.5％、訪日中国人の滞在日数は外国人全体より長いのが明らかである。

図表3-15　訪日中国人の訪日回数（2015年、％）

回数	％
1回目	63.0
2回目	14.7
3回目	6.5
4回目	3.0
5回目	2.3
6〜9回目	3.6
10〜19回目	3.3
20回目以上	3.5

出典：観光庁「訪日外国人の消費動向平成27年年次報告書」より作成。

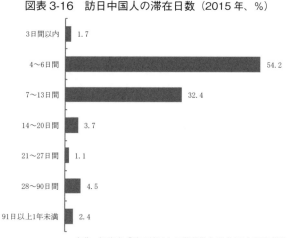

図表3-16　訪日中国人の滞在日数（2015年、％）

日数	％
3日間以内	1.7
4〜6日間	54.2
7〜13日間	32.4
14〜20日間	3.7
21〜27日間	1.1
28〜90日間	4.5
91日以上1年未満	2.4

出典：観光庁「訪日外国人の消費動向平成27年年次報告書」より作成。

訪日中国人の居住地を見ると、最も多いのが上海市（22.4％）、次いで北京市（16.4％）、広東省（10.0％）の順で、この3大都市からの旅行者が訪日中国人旅行者全体の約半数（48.8％）を占めている。その次は江蘇省（8.6％）、遼寧省（8.5％）、浙江省（5.4％）、山東省（4.6％）の順であり、天津市（2.8％）、福建省（1.2％）を含めて訪日中国人の8割が沿岸部の都市から来ていると理解することができる。なお、先ほど2014年中国の都市家庭の1人当たり所得について紹介したが、図表3-17を見てわかるように、訪日中国人居住地上位都市の1人当たり所得は全国平均（28,844元）より大きく上回っており、居住地構成比の順位と都市家庭1人当たり所得の順位とは正の相関関係がある。

図表3-17　訪日中国人の居住地（2015年、％）

居住地	構成比（％）	参考：2014年都市家庭の1人当たり所得
上海市	22.4	48,841
北京市	16.4	48,532
広東省	10.0	32,148
江蘇省	8.6	34,346
遼寧省	8.5	29,082
浙江省	5.4	40,393
山東省	4.6	29,222
四川省	4.4	24,234
天津市	2.8	31,506
湖北省	1.3	24,852
福建省	1.2	30,722
陝西省	1.2	24,366
黒竜江省	1.0	22,609
河南省	0.9	23,672
重慶市	0.7	25,147
その他	9.8	―
合計	99.2	―

出典：観光庁「訪日外国人の消費動向平成27年年次報告書」、中国国家統計局『中国統計摘要』2015年版より作成。

第 3 章　訪日中国人旅行者は中国のどこから来ているか　　53

　以上の分析から、日本政府が行っている現在の中国市場訪日プロモーション方針、すなわち、地域について北京、上海、広東 3 大都市圏を中心とした沿岸部都市、階層については 30 〜 40 歳代家族層及び 20 〜 30 歳代女性層を主要ターゲットにするとの方針はおおむね妥当であると言えよう。ただし、第 2 章で紹介したように、ビザ発給において北京、上海、広東 3 地に限ってさまざまな優遇措置が行われたことの訪日旅行者数への影響について留意する必要があり、また本章で述べたように、内陸部にも沿岸部都市と同じ規模と経済発展レベルを持つ大都市が多数存在することにも目を向ける必要があると思われる。

注：

1）一つの国（中国）の中で、二つの制度（社会主義と資本主義）が併存して実施されることをいう。中国大陸では社会主義の制度と政策を実施しているが、特別行政区である香港とマカオではそれを実施せず、従来の資本主義制度を保持している。

2）香港は長い間英国領となっていたが、1997 年 7 月 1 日の中国への返還に伴い、「中華人民共和国香港特別行政区」となった。

3）マカオ（中国語名：澳門）は長い間ポルトガル領となっていたが、1999 年 12 月 20 日に中国に返還され、「中華人民共和国澳門特別行政区」となった。

4）中国では台湾を省として数え、1 級行政区を 34 とする場合がある。

5）「国民経済と社会発展 5 カ年計画」の略。中国では、政府が 5 年ごとに中期的な政策や経済運営のあり方を策定し、これまで第 1 次 5 カ年計画（1953 〜 1957 年）から第 12 次 5 カ年計画まで（2011 〜 2015 年）が実施された。

6）都市化率とは都市部人口の総人口に占める割合である。

7）北京を中心とした京津冀（北京、天津、河北の略称）都市圏、上海を中心とした長江デルタ都市圏、広東を中心とした珠江デルタ都市圏のことまた 3 大経済圏とも呼ばれる。2014 年、この 3 大都市圏・経済圏の GDP の合計は全国 GDP 総額の 39.7 ％（長江デルタ 20.2 ％、京津冀 10.4 ％、珠江デルタ 9.1 ％。21 世紀中国総研編『中国情報ガイドブック』2015 年版、p258）。

8）中国の所得階層についてさまざまな区分がなされる。例えば中国研究所『中国年鑑』では「富裕層」、「中所得層」、「低所得層」との概念が用いられ、21 世紀中国総研『中国情報ハンドブック』では「最高所得」、「高所得」、「上位中所得」、「中位中所得」、「下位中所得」、「低所得」、「最低所得」と 7 つの階層に区分されている。

第4章

訪日中国人「爆買い」の実態と展望

第 4 章　訪日中国人「爆買い」の実態と展望

　低迷が続く日本の消費市場が外国人観光客に色めき立っている。2012年に1兆861億円の訪日外国人旅行消費額は、2013年に1兆4,167億円、2014年に2兆278億円、2015年に3兆4,771億円と急速に伸びている。そうしたなか、中国人旅行者の存在がとりわけ大きく、その旺盛な購買欲を表す「爆買い」が2015年の流行語として広く知られている1)。伸び悩む日本の小売業において、その落ち込みを補う新しい巨大購買パワーとして訪日中国人に注目と期待が集まっている。この章では、中国人による「爆買い」の実態と背景を明らかにし、その今後の展望について分析する。

1. すさまじい中国人旅行者の購買力

　前でも述べたように、2015年の訪日外国人旅行消費額は3兆4,771億円となり、年間値で初めて3兆円の大台を突破したが、国籍・地域別に見ると、中国が1兆4,174億円で全体の40.8％を占めている（図表4-1）。1人当たり旅行支出については、2015年の訪日外国人1人当たり旅行支出は17万6,167円となっているのに対し、中国のそれが28万3,842円で訪日外国人平均より10万7,675円も上回っている。

図表 4-1　国籍・地域別の訪日外国人旅行消費額と構成比（2015年）

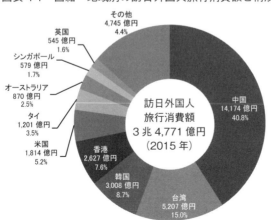

出典：観光庁「訪日外国人消費動向調査平成27年(2015年)年間値(確報)」より作成。

第 4 章 訪日中国人「爆買い」の実態と展望　　57

　費目別に旅行消費額を見ると、2015 年訪日外国人旅行者の買物代が 1
兆 4,539 億円となっているが、うち中国人旅行者のそれが 8,088 億円で
訪日外国人旅行者買物代全体の 55.6％を占めている。そして訪日外国人
の旅行消費額における買物代の構成比が 41.8％となっているが、中国人
旅行者のそれが 57.1％で訪日外国人平均より 15.3％も上回っている（図
表 4-2）。中国の次は台湾と香港の買物代が高く、台湾が 2,000 億円、香
港が 1,000 億円を超えた。訪日外国人による買物代全体が拡大し続けるが、
中国、台湾、香港のそれが突出して高い（図表 4-3）。
　中国の突出は買物代総額だけではなく、1 人当たり買物代においても同
様である。2015 年訪日外国人 1 人当たり買物代が 7 万 3,662 円となっ
ているが、中国人のそれが 16 万 1,973 円で訪日外国人平均より 8 万 8,311
円も上回っている（図表 4-4）。

図表 4-2　国籍・地域別にみる費目別旅行消費額（2015 年、億円）

国籍・地域	総額	前年比	買物代	宿泊料金	飲食費	交通費	娯楽サービス費	その他
全国籍・地域	34,771	+71.5%	14,539	8,974	6,420	3,678	1,058	102
中国	14,174	+153.9%	8,088	2,503	2,113	1,094	315	61
台湾	5,207	+46.9%	2,188	1,326	948	562	183	1
韓国	3,008	+43.9%	888	900	729	337	132	22
香港	2,627	+91.8%	1,100	643	540	262	72	10
米国	1,814	+23.0%	302	765	422	263	61	1
タイ	1,201	+25.0%	428	332	229	162	46	3
オーストラリア	870	+26.2%	138	343	199	137	53	1
シンガポール	579	+62.9%	187	197	120	63	12	0
英国	545	+32.2%	81	251	120	77	16	0
マレーシア	459	+26.6%	151	137	99	53	19	0
フランス	448	+29.0%	79	181	89	79	20	0
カナダ	395	+26.6%	78	141	84	72	20	0
ベトナム	361	+22.3%	139	93	77	41	10	1
フィリピン	340	+75.1%	115	98	73	39	15	0
インドネシア	302	+58.6%	83	104	57	50	8	0
ドイツ	278	+33.3%	39	112	57	57	13	0
イタリア	209	-	32	81	51	40	6	0
スペイン	175	-	29	65	40	35	7	0
インド	153	+3.8%	32	61	38	20	2	0
ロシア	99	-23.2%	30	32	19	13	4	1
その他	1,526	-	333	610	316	223	44	1

出典：観光庁「訪日外国人消費動向調査平成 27 年 (2015 年) 年間値 (確報)」より作成。

図表 4-3　国籍・地域別買物代ランキング（2015 年、億円）

中国	8,088
台湾	2,188
香港	1,100
韓国	888
タイ	428
その他	333
米国	302
シンガポール	187
マレーシア	151
ベトナム	139
オーストラリア	138
フィリピン	115
インドネシア	83
英国	81
フランス	79
カナダ	78
ドイツ	39
イタリア	32
インド	32
ロシア	30
スペイン	29

訪日外国人全体：14,539億円

出典：観光庁「訪日外国人消費動向調査平成 27 年 (2015 年) 年間値 (確報)」より作成。

図表 4-4　国籍・地域別 1 人当たり買物代ランキング（2015 年、円／人）

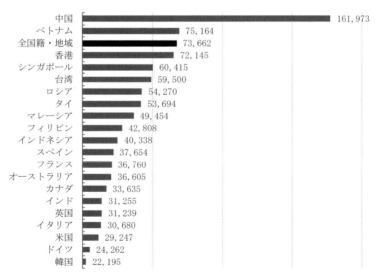

国籍・地域	円／人
中国	161,973
ベトナム	75,164
全国籍・地域	73,662
香港	72,145
シンガポール	60,415
台湾	59,500
ロシア	54,270
タイ	53,694
マレーシア	49,454
フィリピン	42,808
インドネシア	40,338
スペイン	37,654
フランス	36,760
オーストラリア	36,605
カナダ	33,635
インド	31,255
英国	31,239
イタリア	30,680
米国	29,247
ドイツ	24,262
韓国	22,195

出典：観光庁「訪日外国人消費動向調査平成 27 年 (2015 年) 年間値 (確報)」より作成。

訪日外国人1人当たり旅行支出を費目別に見ると、買物代が7万3,662円で最も高く、次いで宿泊料金（4万5,465円）、飲食費（3万2,528円）、交通費（1万8,634円）、娯楽サービス費（5,359円）の順である。国籍・地域別に見ると、中国は全ての項目で訪日外国人の平均を超えており、特に買物代は16万1,973円と突出して高くなっている（図表4-5）。

図表4-5　国籍・地域別にみる訪日外国人1人当たり費目別旅行支出

(2015年、円／人)

国籍・地域	総額	前年比	買物代	宿泊料金	飲食費	交通費	娯楽サービス費	その他
全国籍・地域	176,167	+16.5%	73,662	45,465	32,528	18,634	5,359	518
中国	283,842	+22.5%	161,973	50,116	42,307	21,908	6,308	1,230
台湾	141,620	+13.1%	59,500	36,048	25,794	15,286	4,965	28
韓国	75,169	-0.9%	22,195	22,495	18,203	8,421	3,306	549
香港	172,356	+16.5%	72,145	42,165	35,439	17,203	4,752	652
米国	175,554	+6.2%	29,247	74,017	40,889	25,465	5,883	53
タイ	150,679	+3.2%	53,694	41,653	28,751	20,363	5,817	400
オーストラリア	231,349	+1.5%	36,605	91,177	52,927	36,338	14,079	224
シンガポール	187,383	+20.3%	60,415	63,677	38,761	20,524	3,968	39
英国	210,681	+12.5%	31,239	97,220	46,367	29,667	6,188	0
マレーシア	150,423	+3.4%	49,454	44,737	32,477	17,506	6,242	7
フランス	209,333	+7.5%	36,760	84,677	41,704	36,968	9,169	55
カナダ	170,696	+0.1%	33,635	60,886	36,387	31,107	8,652	30
ベトナム	194,840	-18.0%	75,164	50,360	41,368	21,889	5,642	416
フィリピン	126,567	+20.2%	42,809	36,403	27,379	14,510	5,411	55
インドネシア	147,149	+22.7%	40,338	50,840	27,734	24,327	3,889	20
ドイツ	171,031	+15.0%	24,262	69,160	35,072	34,755	7,783	0
イタリア	202,077	-	30,680	78,102	49,158	38,393	5,614	131
スペイン	227,288	-	37,654	84,472	51,629	45,109	8,424	0
インド	148,340	-11.5%	31,256	58,847	36,729	19,080	2,266	162
ロシア	182,484	-9.5%	54,270	59,267	34,689	24,538	8,193	1,527
その他	178,179	-	38,908	71,163	36,909	25,982	5,110	108

出典：観光庁「訪日外国人消費動向調査平成27年(2015年)年間値(確報)」より作成。

そもそも中国人旅行者にとって買物が訪日旅行の最も重要な目的1つ
である。2015年の訪日外国人消費動向調査結果によると、中国旅行者
に対して訪日前に期待していたことについて聞いたところ、「ショッピン
グ」は複数回答では1位の「日本食を食べること」（63.9％）とほぼ同じ
（63.5％）、単一回答では25.9％で断然トップ1位になっている。訪日外
国人全体における「ショッピング」の回答率は複数回答では55.3％、単
一回答では17.0％でともに2位となっているに比べて、訪日動機におけ
る買物の重要度は中国人旅行者のほうが特別に高いと言える（図表4-6）。

図表4-6　中国旅行者が訪日前に期待していたこと（2015年、％）

	複数回答	単一回答	参考：訪日外国人全体	
			複数回答	単一回答
日本食を食べること	63.9	14.7	69.7	26.0
ショッピング	63.5	25.9	55.3	17.0
自然・景勝地観光	47.9	19.6	44.0	14.9
繁華街の街歩き	43.9	3.7	39.0	3.3
温泉入浴	35.7	7.6	29.8	8.2
旅館に宿泊	22.7	1.6	20.5	1.7
テーマパーク	16.4	6.9	16.4	6.7
日本の酒を飲むこと（日本酒・焼酎等）	13.3	0.4	20.6	1.5
日本の歴史・伝統文化体験	11.6	3.7	16.7	4.1
日本の日常生活体験	11.4	4.3	15.4	3.2
美術館・博物館	9.4	1.3	12.5	1.4
四季の体感（花見・紅葉・雪等）	8.1	2.4	10.0	2.2
日本のポップカルチャーを楽しむ	7.3	1.7	9.2	1.4
映画・アニメ縁の地を訪問	4.3	0.8	4.4	0.6
自然体験ツアー・農漁村体験	3.6	0.7	5.5	0.8
スキー・スノーボード	3.5	1.3	4.2	1.6
舞台鑑賞（歌舞伎・演劇・音楽など）	3.2	0.8	4.3	0.8
治療・検診	1.3	0.4	1.1	0.2
スポーツ観戦（相撲・サッカーなど）	1.2	0.3	2.9	0.6
その他スポーツ（ゴルフ等）	1.1	0.3	2.0	0.8
上記に当てはまるものがない	6.8	1.7	6.7	2.8

出典：観光庁「訪日外国人の消費動向平成27年年次報告書」より作成。

この点については、日本滞在中に消費税免税手続きを実施した人の割合の違いからもわかる。2015年日本滞在中に消費税免税手続きを実施した人の割合は、訪日外国人全体が44.2%であるのに対して、国籍・地域別にみると、中国が68.2%で最も高く、次いで香港（64.8%）、台湾（62.9%）の順で高い（図表4-7）。費目別消費税免税手続きの実施率を見ると、訪日外国人全体では「医薬品・健康グッズ・トイレタリー」（22.4%）が最も高く、次いで「化粧品・香水」（20.1%）、「服・かばん・靴」（13.9%）の順で高くなっている。中国人では「化粧品・香水」（44.4%）が最も高く、次いで「医薬品・健康グッズ・トイレタリー」（38.0%）、「電気製品」（24.0%）、「服・かばん・靴」（21.4%）、「カメラ・ビデオカメラ・時計」（15.1%）の順で高くなっており、外国人全体と比べて化粧品・香水、電気製品、カメラ・ビデオカメラ・時計の人気がうかがえる。

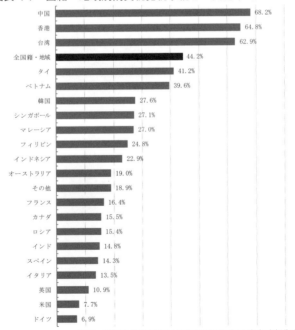

図表4-7　国籍・地域別消費税免税手続きの実施率（2015年）

出典：観光庁「訪日外国人の消費動向平成27年年次報告書」より作成。

では、訪日中国人の日本滞在中における買物事情を図表から具体的に見てみよう。訪日外国人全体と比べて、中国人旅行者には若干の特性が見られる。

　費目別購入率（その費目を購入した人の割合）及び費目別の購入者単価（その費目を購入した人における当該費目の1人当たり平均支出）について、外国人全体の購入率が最も高い費目は「菓子類」（65.0％）であり、次いで「その他食料品・飲料・酒・たばこ」（58.8％）が高いのに対して、中国人の購入率が最も高い費目は「化粧品・香水」（73.8％）であり、ほかに「電気製品」（40.7％）、「カメラ・ビデオカメラ・時計」（24.8％）も比較的購入率が高くなっている。なお、ほとんどすべての費目について中国人のほうが外国人全体平均より購入率も購入者単価も高くなっている（図表4-8）。

図表4-8　訪日中国人の費目別購入率及び購入者単価（2015年）

購入した費目（複数回答）				参考：訪日外国人全体			
順位	費目	購入率 (%)	購入者単価 (円)	順位	費目	購入率 (%)	購入者単価 (円)
1位	化粧品・香水	73.8	47,191	1位	菓子類	65.0	9,457
2位	菓子類	69.9	13,302	2位	その他食料品・飲料・酒・たばこ	58.8	11,975
3位	医薬品・健康グッズ・トイレタリー	69.6	39,479	3位	医薬品・健康グッズ・トイレタリー	47.3	23,998
4位	その他食料品・飲料・酒・たばこ	58.8	16,464	4位	化粧品・香水	42.4	29,446
5位	服（和服以外）・かばん・靴	49.1	66,160	5位	服（和服以外）・かばん・靴	40.6	38,841
6位	電気製品	40.7	57,266	6位	電気製品	19.7	43,639
7位	カメラ・ビデオカメラ・時計	24.8	88,717	7位	マンガ・アニメ・キャラクター関連商品	12.8	12,407
8位	マンガ・アニメ・キャラクター関連商品	14.3	13,577	8位	和服（着物）・民芸品	11.9	15,557
9位	書籍・絵葉書・CD・DVD	11.2	7,969	9位	書籍・絵葉書・CD・DVD	11.6	6,535
10位	和服（着物）・民芸品	9.5	24,130	10位	カメラ・ビデオカメラ・時計	11.5	70,770

出典：観光庁「訪日外国人の消費動向平成27年年次報告書」より作成。

最も満足した購入商品の割合を国籍・地域別に見ると、中国は「化粧品・香水」（19.8％）、「電気製品」（19.7％）の割合が高く、韓国は「菓子類」（21.5％）、台湾、香港は「服・かばん・靴」（それぞれ20.0％、32.9％）、米国は「和服・民芸品」（24.5％）の割合が高い（図表4-9）。

満足した理由について、「医薬品・健康グッズ・トイレタリー」では「品質が良いから」とする回答が68.0％と高い。一方、「化粧品・香水」では「品質が良いから」に加え、「価格が手頃・自国より安いから」とする回答も多く見られる。「服・かばん・靴」でも「価格が手頃・自国より安いから」とする回答が多い（国籍・地域別ウェイトバック集計が行われていない。観光庁「訪日外国人の消費動向平成27年年次報告書」、p.21）。

図表4-9　主な国籍・地域別最も満足した購入商品（2015年、％、単一回答）

		中国	韓国	台湾	香港	米国
購入商品	菓子類	4.6	21.5	8.3	8.1	7.0
	酒その他食料品・飲料	0.5	5.7	1.0	1.5	4.0
	その他食料品・飲料	1.3	3.8	2.3	4.3	4.7
	たばこ	0.3	0.9	0.7	0.0	0.1
	カメラ・ビデオカメラ	5.3	0.7	2.5	2.5	1.7
	時計	10.0	1.1	2.2	4.2	0.7
	電気製品	19.7	2.4	17.0	6.0	4.1
	化粧品・香水	19.8	10.0	10.2	12.2	3.3
	医薬品・健康グッズ・トイレタリー	11.2	14.5	18.9	8.9	0.4
	和服（着物）・民芸品	1.5	2.9	2.9	3.2	24.5
	服（和服以外）・かばん・靴	13.6	16.2	20.0	32.9	17.1
	マンガ・アニメ・キャラクター関連商品	3.7	7.4	4.6	3.4	8.0
	書籍・絵葉書・CD・DVD	0.6	1.6	1.4	0.9	4.3
	その他の商品	7.4	10.7	6.9	10.0	16.8
	その他	0.4	0.5	1.0	1.9	3.2
合計		100.0	100.0	100.0	100.0	100.0
回答数		3,502	8,575	2,207	515	946

出典：観光庁「訪日外国人の消費動向平成27年年次報告書」より作成。

買物場所については、訪日外国人全体は「空港の免税店」の利用率（61.8％）が最も高く、次いで「百貨店・デパート」（60.3％）、「コンビニエンスストア」（59.8％）、「ドラッグストア」（56.4％）の順となっているのに対して、中国人は「ドラッグストア」（83.9％）の利用率が突出して高く、次いで「空港の免税店」（79.8％）、「百貨店・デパート」（74.3％）、

「コンビニエンスストア」（63.4％）の順となっており、「家電量販店」
（49.8％）の利用率も外国人全体（27.9％）と比べて比較的高くなってい
る（図表 4-10）。

図表 4-10　訪日中国人の買物場所（2015 年）

中国人の買物場所（複数回答）			参考：訪日外国人全体の買物場所（複数回答）		
順位	買物場所	回答率(%)	順位	買物場所	回答率(%)
1位	ドラッグストア	83.9	1位	空港の免税店	61.8
2位	空港の免税店	79.8	2位	百貨店・デパート	60.3
3位	百貨店・デパート	74.3	3位	コンビニエンスストア	59.8
4位	コンビニエンスストア	63.4	4位	ドラッグストア	56.4
5位	スーパーマーケット	59.1	5位	スーパーマーケット	53.0
6位	家電量販店	49.8	6位	観光地の土産店	29.4
7位	アウトレットモール	27.6	7位	家電量販店	27.9
8位	ファッション専門店	25.8	8位	ファッション専門店	21.0
9位	観光地の土産店	23.6	9位	アウトレットモール	20.0
10位	都心の複合商業施設	17.6	10位	100円ショップ	19.5
11位	100円ショップ	14.7	11位	都心の複合商業施設	14.6
12位	宿泊施設	13.9	12位	ディスカウントストア	13.5
13位	その他ショッピングセンター	13.4	12位	宿泊施設	13.5
14位	ディスカウントストア	11.1	13位	その他ショッピングセンター	12.9
15位	鉄道駅構内の店舗	8.2	14位	鉄道駅構内の店舗	11.0
16位	高速道路のSA・道の駅	8.0	15位	高速道路のSA・道の駅	5.8
17位	その他	1.1	16位	その他	2.7
	買物はしなかった	0.2		買物はしなかった	2.8

出典：観光庁「訪日外国人の消費動向平成 27 年年次報告書」より作成。

2.「爆買い」の背景

　平成27版観光白書では、近年におけるインバウンド消費拡大の要因として、①所得要因：経済成長による個人所得の上昇、②品質要因：日本製品の品質に対する根強い信頼感、③価格要因：高級品を中心に割安感が拡大、④割安感の要因：円安方向への動きと消費税免税制度の拡大、⑤その他：ショッピングをテーマとした訪日プロモーションの実施の5つが挙げられている。訪日中国人による爆買いの背景にもこの5つの事情があると考えられる。以下では、訪日中国人の消費拡大における所得による要因と日本製品の品質の要因、価格要因、割安感の要因について検証を行う[2]。

(1) 経済成長による個人所得の上昇

　訪日中国人による「爆買い」の要因について、訪日中国人人数の増加と同じく、まず経済成長による個人所得の上昇を挙げることができる。言い換えれば、中国のめざましい経済成長とそれによる国民所得の急速な上昇が訪日旅行者とその消費額の両方の大幅な拡大をもたらしているのである。

　第2章では中国の1人当たりGDPの推移を紹介し、それは2008年に3,000ドル、2014年に7,000ドルを超えた（図表2-2）と述べた。また第3章では中国における都市農村格差を含めた地域所得格差を紹介し、多くの都市部住民の収入が全国平均より大きく上回り、2014年時点で1人当たりGDPが1万ドルを超えた都市は30以上もあると述べた。ここでは、1980年以降中国の1人当たり消費性支出を見ることにする（図表4-11）。農村の1人当たり消費性支出は1980年の162.2元から2013年に6,625.5元へ、都市部のそれは1980年の412.4元から2013年に18,022.6元へ増え、格差があるものの、両方とも40倍以上の増長となった。それを背景に、食品のための支出は年々増えているが、エンゲル係数を見ると農村家庭は1980年の61.8％から2013年に37.7％へ、都市家庭は1980年の56.9％から2013年に35.0％へ大幅に減少している。すなわち、農村と都市のいずれも、家計の消費支出における食費の割合が急速に低下し、旅行や娯楽などに利用するお金が大幅に増えてきていると解釈できる。

中国旅遊研究院が2014年に行った調査によると、海外旅行の中国人のほとんどが月収3,000元（約5万円）以上の中間層と富裕層であり、海外旅行の1人1回当たり消費額を見ると、42.8％の人が1万5千元（約25～29万円）以上、うち25.0％の人が2万元（約33～39万円）以上となり、5千元以下の人はわずか6.4％しかないといい、また海外旅行の消費項目について聞いたところ、ショッピングと回答した人が88.1％（複数回答）で最も多く、2位の飲食（64.8％）、3位の旅行会社団体旅行参加費用（64.1％）を大きく上回っている（中国旅遊研究院『中国出境旅遊発展年度報告』2015年版、p.88～89）。

　前述したように、最近の訪日中国人の1人当たり旅行消費額を見ても、2012年の18万7,970円から、2013年に20万9,898円、2014年に23万1,753円、2015年に28万3,842円と驚異的な伸びを示している。

図表4-11　中国の1人当たり消費性支出の推移（1980～2013年）

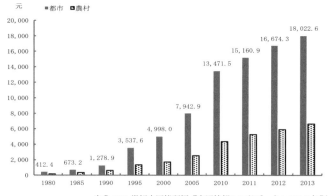

出典：21世紀中国総研編『中国情報ハンドブック』2015年版より作成。

(2) 日本製品の品質に対する根強い信頼感

　中国人による「爆買い」のもう1つ大きな原因はその日本製品の品質に対する根強い信頼感である。中国では以前から日本製品は品質が良いというイメージが持たれており、それは今になっても特に変わっていない。調査で訪日中国人旅行者に一番満足した購入商品の理由について聞いたところ、「品質が良い」という理由（33.5％）が断然トップ1位であった（図表4-12）。

図表 4-12　訪日中国人旅行者が一番満足した購入商品の理由（2015 年、単一回答、%）

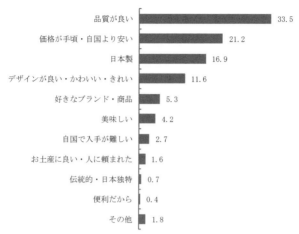

出典：観光庁「訪日外国人の消費動向平成 27 年年次報告書」より作成。

別の調査で訪日中国人旅行者に日本で買物をする際に重視するポイントを挙げてもらったところ、「本物である」（46.8％）、「高品質である」（43.1％）が最も挙げられている（図表 4-13）。

図表 4-13　訪日中国人旅行者が買い物で重視する点（2 つまで選択、%）

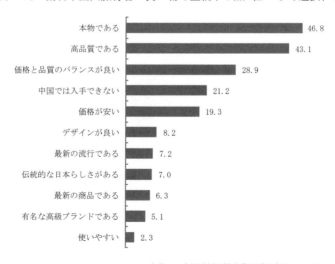

出典：日本経済新聞社産業地域研究所（2010）より作成。

(3) 円安などによる価格の割安感

　日本の製品は高品質などで中国においてたいへん人気があるが、中国では輸入品に対して高率の関税や日本の消費税にあたる「増値税」がかかるため、どうしても流通価格が高くなる。さらに近年では「円安元高」が進み、日本での買い物は中国人にとってより安く感じられる（中島恵「出国者数1億人突破！「爆買い中国人」は、いま何を買っているか」PRESIDENT 2015年10月19日号 http://president.jp）。図表4-14は一部中国で人気の高い日本商品の日中価格比較であり、日本と比べて中国では平均数倍も高くなることがわかる。

図表4-14　中国で人気の高い日本商品の日中価格比較

商品	日本での価格	中国での価格
DHC 薬用リップクリーム	558 円	2,280 円
SK-Ⅱ化粧水 75ml	6,833 円	1 万 1,780 円
タイガーステンレスボトル 0.48L	3,470 円	1 万 1,362 円 [(1)]
象印炊飯器 1.8L	9,380 円	3 万 4,181 円 [(2)]

注：三菱総合研究所調べ。2015 年 9 月 16 日時点の実勢価格（(1)(2) は 2015 年 4 月時点での AEON 北京店の店舗価格）。日本の価格は税抜き価格。ボトルと炊飯器は性能がほぼ同等のものを比較。
出典：中島恵「出国者数 1 億人突破！「爆買い中国人」は、いま何を買っているか」PRESIDENT 2015 年
　　　10 月 19 日号（http://president.jp）。

　もちろん、一部には日本のほうが割高な商品もある。例えば医薬品の場合、総合胃腸薬の「太田胃散」が中国人旅行者の間で人気あるが、これは中国製の「同仁堂活胃散」に比べると4倍以上の価格差がある。それでも日本製の医薬品を買い求めるのは、「日本で開発された薬はすばらしいに違いない」という定評があるからであると報道されている（中島恵「出国者数1億人突破！「爆買い中国人」は、いま何を買っているか」PRESIDENT 2015年10月19日号 http://president.jp）。

(4) 消費税免税制度改正によるお得感

　中国人旅行者は免税や記念品贈呈などによるお得感を好む傾向がある。前述したように、2014年10月より訪日外国人旅行者向け消費税免税制度が改正され、従来免税販売の対象ではなかった消耗品（食品類、飲料類、薬品類、化粧品類その他の消耗品）が、一定の制限があるものの免税の対

象となった[3]。消費税免税制度対象品目の拡大が訪日中国人の買い物のお得感をもたらすに違いないと思われる。

図表 4-15 は 2014 年 10 月以降消費税免税を行っている百貨店における外国人観光客の売上高と客数の推移を示すものであり、その両方が大きく増加していることが明らかである。2015 年 10 月と 2014 年 10 月を比べると、免税総売上高が 196.0％、購買客数が 194.1％の増加となった。売上高の内訳を見ると、免税対象に拡大された消耗品の売上高が 2015 年 10 月の前年同月比で 359.3％と驚異的な伸びになったと同時に、一般物品の売上高も同 173.4％と大きく増加している。

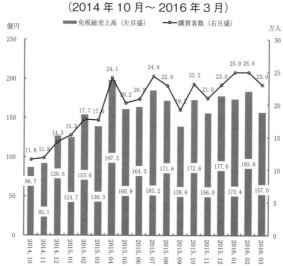

図表 4-15　消費税免税百貨店外客の売上高と客数の推移
（2014 年 10 月～ 2016 年 3 月）

注：対象店舗は消費税免税を行っている外国人観光客誘致委員会委員店。2014 年 10 月 46 店舗、2015 年 12 月に 71 店舗まで増加。
出典：日本百貨店協会「外国人観光客売上高・来店動向（速報）」より作成。

百貨店の免税手続きカウンターの来店者を国籍・地域別に見ると、上位 7 位はすべてアジアの国・地域であり、2 位以下は年月によって変動があるものの、中国はずっと 1 位となっている（図表 4-16）。

なお、消費税免税百貨店における外国人観光客に人気のあった商品として、ハイエンドブランド、化粧品、婦人服飾雑貨、婦人服、紳士服・紳士

服飾雑貨、食品などが挙げられている。

図表 4-16　百貨店免税手続きカウンターの来店別国籍・地域別順位

（2014 年 10 月〜 2016 年 3 月）

年月	1 位	2 位	3 位	4 位	5 位	6 位	7 位
2014.10	中国	台湾	香港	タイ	韓国	シンガポール	マレーシア
2014.11	中国	台湾	香港	韓国	タイ	シンガポール	マレーシア
2014.12	中国	香港	台湾	韓国	タイ	シンガポール	マレーシア
2015.01	中国	台湾	韓国	タイ	香港	シンガポール	マレーシア
2015.02	中国	香港	台湾	タイ	韓国	シンガポール	マレーシア
2015.03	中国	香港	台湾	タイ	韓国	シンガポール	マレーシア
2015.04	中国	台湾	香港	タイ	韓国	シンガポール	マレーシア
2015.05	中国	台湾	タイ	韓国	香港	シンガポール	マレーシア
2015.06	中国	台湾	香港	タイ	韓国	シンガポール	マレーシア
2015.07	中国	香港	台湾	韓国	シンガポール	タイ	マレーシア
2015.08	中国	台湾	香港	タイ	シンガポール	韓国	マレーシア
2015.09	中国	台湾	香港	韓国	タイ	シンガポール	マレーシア
2015.10	中国	香港	台湾	韓国	タイ	シンガポール	マレーシア
2015.11	中国	香港	台湾	韓国	タイ	シンガポール	マレーシア
2015.12	中国	香港	台湾	韓国	タイ	シンガポール	マレーシア
2016.01	中国	香港	台湾	韓国	タイ	シンガポール	マレーシア
2016.02	中国	香港	台湾	韓国	タイ	シンガポール	マレーシア
2016.03	中国	香港	台湾	韓国	タイ	シンガポール	マレーシア

出典：日本百貨店協会「外国人観光客売上高・来店動向（速報）」より作成。

3.「爆買い」はいつまで続くのか

　訪日中国人による「爆買い」はいつまで続くのか。2016 年以降中国人訪日旅行の動向をもとに分析してみよう。

　2016 年の初売り商戦から訪日中国人客の姿が注目される。その「爆買い」が追い風に前年を上回る売上となった店が多く、免税手続きの件数は、西武池袋店が前年比 8 割増加、松屋銀座も 3 割増え、家電量販大手のビックカメラは、「爆買い」需要を取り込むため、全国の主要店で訪日客向けの福袋を初めて用意したが、美顔器セットなどが中国人に人気で、売り切れが続出したという（朝日新聞 2016 年 1 月 4 日）。

　図表 4-17 で示しているように、2016 年春現在では、中国人訪日旅行者数と旅行消費額が増える勢いは全く衰えていない。訪日中国人は 2016年 1 月に 47 万 5,116 人（前年同月比 110.0 ％増）、2 月に 49 万 8,900

人（同 38.9％増）、3 月に 49 万 8,100 人（同 47.3％増）でこの 3 カ月累計で 147 万 2,116 人（前年比 59.4％増）となり、訪日外国人全体（575万 2,795 人）の 25.6％を占めている。2016 年 1-3 月の旅行消費額を見ると、訪日中国人 1 人当たり旅行支出は 26 万 4,997 円で、訪日外国人平均の 16 万 1,746 円を大きく上回っており、訪日中国人旅行消費額は 3,901億円で、訪日外国人旅行消費総額（9,305 億円）の 41.9％を占めている。

国籍・地域別に費目別旅行消費額を見ると、中国の買物代が 2,227 億円と突出して高く、訪日外国人買物代全体（3,848 億円）の 57.9％を占めている（図表 4-18）。

図表 4-15、4-16 で示した消費税免税を行っている百貨店の最近の販売状況を見ても、2016 年に入って以来、免税総売上高が増加傾向にあり、免税手続きカウンターの来店者は中国人客が最も多いとわかる。

図表 4-17　2016 年 1-3 月期訪日中国人の動向

旅行者数		1 人当たり旅行支出		旅行消費額	
訪日中国人数	前年比	中国	全国籍・地域	中国	構成比 [1]
1,472,116 人	59.4％	264,997 円 /人	161,746 円 /人	3,901 億円	41.9％

注：(1) 構成比は訪日外国人全体の旅行消費額に占める割合。
出典：観光庁「訪日外国人消費動向調査平成 28 年 1-3 月期の調査結果（速報）」より作成。

図表 4-18　国籍・地域別にみる費目別旅行消費額
（2016 年 1-3 月期、総額上位 5 位、億円）

国籍・地域	総額	前年比	買物代	宿泊料金	飲食費	交通費	娯楽サービス費	その他
中国	3,901	+40.6％	2,227	692	579	321	76	7
台湾	1,339	+26.0％	524	328	289	141	48	8
韓国	991	+36.6％	276	309	251	112	39	3
香港	779	+44.0％	301	210	165	83	21	0
米国	383	+4.2％	63	150	94	63	13	0
全国籍・地域	9,305	+31.7％	3,848	2,355	1,782	1,003	299	19

出典：観光庁「訪日外国人消費動向調査平成 28 年 1-3 月期の調査結果 (速報)」より作成。

以上からわかったように、2016 年以降も訪日中国人の消費意欲が旺盛

で訪日外国人旅行消費拡大の牽引役であることは変わっていない。中国人による「爆買い」の背景に経済成長による中国人個人所得の上昇や中国人における日本製品の品質に対する根強い信頼感などさまざまな要因があり、これらの要因が存在する限り、「爆買い」は続いていくであろう。

　もちろん、「爆買い」に変化がないわけでもない。すでに一部の報道で指摘されているように、「爆買いの中身」が変わったり、「「量」控え、品質吟味」する客が増えたりして、「爆買い」には実に変化が生じている（中島恵2015a、朝日新聞2016年2月11日）。今後も訪日中国人の買物にはさまざまな変化が生じてくるに違いないと考えられる。

　また、訪日中国人の「爆買い」を商機ととらえてそれにかかわるビジネスを展開する企業や個人も増えている。在日中国人留学生などが日本でブランド品や化粧品を買い集め、中国に郵送したり直接持ち込んだりして「依頼人」に渡し、見返りに手数料を受け取るいわゆる「代購」（代理購入）が流行っており、ネット上には代購専用の通販サイトもあふれるという（「週刊東洋経済」2015年8月22日）。複数の物流大手企業が中国人向けに日本商品の通販・配送業務に着手している。ヤマトホールディングス傘下のヤマトグローバルロジスティクスジャパン（YGL）は2016年4月6日に、中国インターネット通販大手の京東商城と提携すると発表した。京東が運営するサイトでは、2015年に専ら日本の商品を扱うコーナーを設け、日本企業に出品を募っている。YGLはこのサイトの指定業者として、日本の企業からの中国の購入者の自宅までの配送を担い、日本企業から京東への出品も促すという。日本通運は2015年10月から、中国の宅配大手と提携して、通販サイトで販売した日本の商品を宅配するサービスを始めた。日通は日本から中国の倉庫までの輸送を担当し、購入者の自宅までの宅配は現地企業に任せるという。日本郵政は、訪日外国人客による爆買い商品に目をつけ、コンビニ大手のファミリーマートと提携し、訪日外国人客が日本で買ったお土産を日本国内のファミリーマートから発送すると、帰国後の国・地域にあるファミリーマートで受け取れるというサービスを始めたという（朝日新聞2016年4月7日）。

　観光庁は、「爆買い」で知られる中国人らの訪日外国人に日本でもっと買物をしてもらおうと、2016年度から外国人の買物に関するデータを集

めて活用すると発表した。免税品の購入履歴をもとに売れ筋などを分析し、小売店にも還元してマーケティングや品揃えの参考にしてもらう考えである。このため2016年予算案に、管理用サーバーなどを整備するための費用を数億円盛り込む。免税品店に登録されている店は約3万店あるが、その半数以上は買物履歴を電子化しているとみられ、このデータをリアルタイムで取り込む方向であるという（朝日新聞2015年12月23日）。

注：

1)「現代用語の基礎知識」選2015年ユーキャン新語・流行語大賞年間大賞。受賞者はラオックス株式会社代表取締役社長羅怡文氏。

2) その他の要因として、中国での訪日プロモーション、日本国内でのプロモーション、中国語による免税店情報の発信などが挙げられる。

3) 制限条件は以下の通りである。①一般物品については、同一の非居住者に対して、同一店舗における1日の一般物品の販売金額が1万円を超えるもの。②消耗品については、同一の非居住者に対して、同一店舗における1日の消耗品の販売合計額が5千円を超え、50万円までの範囲内のもの。一定の包装を行うこと（観光庁『観光白書』平成27年版、p.56）。

第 5 章
訪日中国人はどこを訪れているか

第5章　訪日中国人はどこを訪れているか

　中国人をはじめとする訪日外国人が急速に増え、日本どこでもその誘致に力を入れられており、特に人口の少ない地方においては外国人観光客の増加に期待が持たれている。では、訪日外国人は日本のどこを訪れ、何をしに来ているのか。

1. 都道府県別訪問率とゴールデンルート

　図表 5-1 は 2014 年 2015 年 2 年間の訪日外国人の都道府別訪問率を示したものである。訪日外国人全体と訪日中国人のどちらを見ても、東京の訪問率が最も高く、次いで大阪、京都、千葉、神奈川、愛知、山梨の順で訪問率が高い。全体的に訪日外国人は東京及びその周辺、愛知、大阪、京都及びその周辺を連ねるいわゆるゴールデンルートに集中していることがわかる。訪日外国人全体と比べて山梨、静岡、愛知への中国人の訪問率が比較的高いことから、訪日中国人の場合特にゴールデンルートの人気が高いと言える。2015 年千葉県の訪問率は前年度と比べて驚異的な伸びとなり、その背景に東京に近いことと、成田空港や東京ディズニーリゾートが立地することがあると考えられる。北海道と沖縄はその独特な観光資源で訪日外国人には一定の人気を持っている。都道府県別訪問率に見た以上の傾向は宿泊者数の地方別シェアからも見られる（図表 5-2）。

　東京⇒富士山⇒大阪（またはその逆）を 5 〜 6 泊程度で巡るゴールデンルートツアーは中国人団体観光客の典型的な日本旅行プランとてし知られており、図表 5-3 はその一例である。成田空港から日本入国し、東京都内の主要観光スポット（日程に余裕があれば、日光や鎌倉などの近隣の観光地も）を巡った後、箱根や富士山、名古屋に立ち寄りながら、京都や大阪といった関西の観光地を訪れ、関西国際空港から帰国する（村山慶輔 2015、p.46）。

　最近、このゴールデンルートにちなんで、複数の都道府県を跨って、テーマ性・ストーリー性を持った一連の魅力ある観光地を、交通アクセスも含めてネットワーク化して、外国人旅行者の滞在日数に見合った、訪日

第 5 章　訪日中国人はどこを訪れているか　　77

を強く動機づける「広域観光周遊ルート」の形成を目指す取組が行われ、2015 年 6 月に国土交通大臣が 7 件の広域観光周遊ルート形成計画を認定した[1]（図表 5-4）。「昇龍道」はその 1 つとして訪日中国人観光客の中で注目度が高まっている。「昇龍道」は中部北陸 9 県の自治体や観光団体が外国人旅行者の増加を図るために作り出した観光プランであり[2]、2012 年のスタート以来、年間外国人宿泊者数に関する数値目標を掲げているが、2014 年に当初目標の 400 万人泊を達成したことを踏まえ、次の目標を 2017 年 600 万人泊と定め、実現に向けて積極的に取り組んでいくこととした（観光庁『観光白書』平成 27 年版、p.33）。

　日本の各地における観光客誘致や観光地域振興の取組の進展に伴って、従来ゴールデンルートに集中していた訪日外国人旅行者が徐々に他の地域へ拡大、分散していくことが予想される。

図表 5-1　訪日外国人の都道府県別訪問率（2014 年、2015 年、複数回答、%）

	訪日外国人		訪日中国人	
	2014 年	2015 年	2014 年	2015 年
北海道	7.8	8.1	7.9	8.0
青森県	0.5	0.4	0.1	0.2
岩手県	0.3	0.2	0.1	0.1
宮城県	1.0	0.8	0.9	0.9
秋田県	0.3	0.2	0.1	0.1
山形県	0.3	0.2	0.2	0.2
福島県	0.4	0.4	0.5	0.3
茨城県	1.1	0.9	1.5	1.2
栃木県	2.0	1.5	1.7	0.9
群馬県	0.7	0.5	0.7	0.4
埼玉県	1.8	1.4	2.4	1.7
千葉県	11.7	44.4	20.0	54.4
東京都	51.4	52.1	67.4	69.1
神奈川県	12.3	11.3	21.4	19.6
新潟県	0.6	0.7	0.5	1.0
富山県	1.3	1.4	0.3	0.4

石川県	1.5	1.9	0.4	0.6
福井県	0.2	0.1	0.2	0.1
山梨県	4.8	6.3	12.2	15.4
長野県	2.9	3.2	2.1	1.3
岐阜県	2.6	2.5	1.3	1.2
静岡県	4.4	5.4	9.6	11.1
愛知県	9.2	9.8	21.1	21.0
三重県	0.7	0.5	0.7	0.5
滋賀県	0.8	0.7	0.6	0.5
京都府	21.9	24.4	29.2	35.4
大阪府	27.9	36.3	41.8	54.4
兵庫県	6.2	6.5	5.0	5.2
奈良県	4.9	5.2	4.6	7.5
和歌山県	1.5	1.2	0.9	0.9
鳥取県	0.2	0.2	0.1	0.0
島根県	0.2	0.1	0.1	0.1
岡山県	0.9	0.8	0.5	0.6
広島県	3.4	3.0	1.7	1.1
山口県	0.4	0.9	0.2	0.3
徳島県	0.2	0.3	0.1	0.0
香川県	0.7	0.7	0.5	0.6
愛媛県	0.5	0.3	0.2	0.2
高知県	0.2	0.2	0.1	0.1
福岡県	8.9	9.5	3.6	4.0
佐賀県	0.5	0.6	0.3	0.3
長崎県	2.3	2.6	0.5	0.6
熊本県	3.5	3.0	1.0	1.2
大分県	4.2	4.2	0.7	1.3
宮崎県	0.2	0.3	0.1	0.1
鹿児島県	0.6	0.9	0.3	0.4
沖縄県	4.7	6.1	3.7	5.3

出典：観光庁『訪日外国人の消費動向平成 26 年年次報告書』、『訪日外国人の消費動向平成 27 年年次報告書』より作成。

第5章 訪日中国人はどこを訪れているか　　79

図表 5-2　訪日外国人の延べ宿泊者数の地方別シェア（2014 年、%）

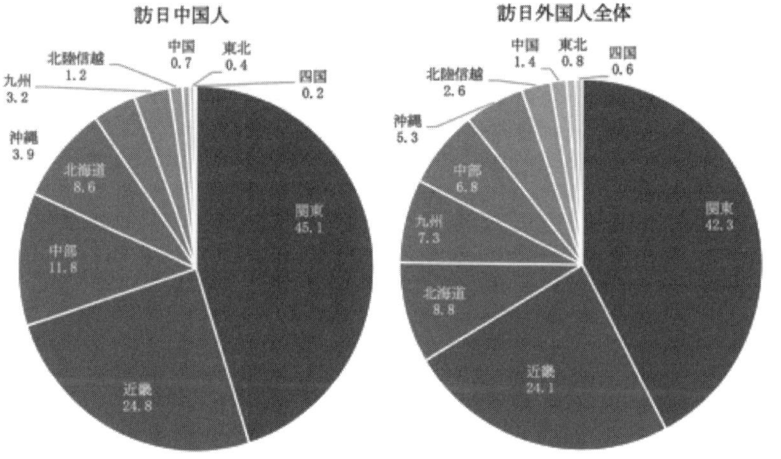

訪日中国人

東北 0.4
中国 0.7
北陸信越 1.2
九州 3.2
沖縄 3.9
北海道 8.6
中部 11.8
近畿 24.8
関東 45.1
四国 0.2

訪日外国人全体

東北 0.8
中国 1.4
北陸信越 2.6
沖縄 5.3
中部 6.8
九州 7.3
北海道 8.8
近畿 24.1
関東 42.3
四国 0.6

出典：「JNTO 訪日旅行データハンドブック 2015」より作成。

図表 5-3　ゴールデンルートの一例

日程	都市名	訪問地	宿泊地
1 日目	成田空港⇒東京		東京
2 日目	東京	皇居・浅草寺・秋葉原・銀座・東京タワー	東京
3 日目	富士山	富士山五合目	山梨
4 日目	京都	金閣寺・銀閣寺・二条城・嵐山	大阪
5 日目	大阪	大阪城・心斎橋	大阪
6 日目	大阪⇒関西空港		

出典：村山慶輔 2015。

図表 5-4　広域観光周遊ルート形成計画の認定ルート

	ルートの名称	実施主体	主な広域観光拠点地区
1	アジアの宝　悠久の自然美への道 ひがし 北・海・道	「プライムロード ひがし 北・海・道」推進協議会	富良野地区、十勝川温泉地区、知床地区、釧路地区など
2	日本の奥の院・東北探訪ルート	東北観光推進機構	八甲田・十和田・奥入瀬地区、角館・田沢湖地区、仙台・松島地区、蔵王・山寺地区、会津・喜多方・磐梯・大内宿地区など

3	昇龍道	中部（東海・北陸・信州）広域観光推進協議会	白川郷・五箇山地区、金沢地区、飛騨高山地区、伊勢・鳥羽・志摩地区、富士山南麓地区など
4	美の伝説	関西広域連合	古都奈良の文化財地区、熊野地区、天橋立地区、古都京都の文化財地区、大阪城エリア地区など
5	せとうち・海の道	瀬戸内ブランド推進連合	徳島・鳴門・淡路島地区、高松・直島・琴平・小豆島地区、しまなみ街道地区、広島・宮島・岩国地区など
6	スピリチュアルな島〜四国遍路〜	四国ツーリズム創造機構	にし阿波地区、高松・東讃地区、今治・西条・新居浜地区、四万十・足摺地区など
7	温泉アイランド九州広域観光周遊ルート	九州観光推進機構	福岡地区、長崎地区、阿蘇・黒川地区、宮崎地区、鹿児島地区など

出典：観光庁資料より作成。

2. 訪日中国人の旅行内容及びその満足度

　ショッピングや自然・景勝地観光、日本食を食べることなど、中国人旅行者の来日の目的はさまざまであるが、実際に日本滞在中に何をしたのだろうか。調査で「今回の日本滞在中にしたこと」について聞いたところ、「日本食を食べること」、「ショッピング」、「繁華街の街歩き」、「自然・景勝地観光」の順で選択率が高い（図表5-5）。全体の傾向が似ているが、項目を詳しく見てみると、訪日外国人全体と比べて中国人は「ショッピング」や「温泉入浴」、「繁華街の街歩き」、「自然・景勝地観光」、「旅館に宿泊」、「テーマパック」の選択率が比較的高く、一方では、「日本の酒を飲むこと」や「美術館・博物館」、「日本の歴史・伝統文化体験」、「日本の日常生活体験」、「日本のポップカルチャーを楽しむ」などについては選択率が低くなっている。

第5章 訪日中国人はどこを訪れているか　81

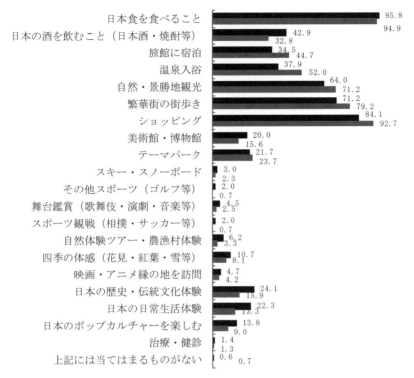

図表5-5　今回したこと（2015年、複数回答、%）

出典：観光庁『訪日外国人の消費動向平成27年年次報告書』より作成。

　あわせて「次回日本を訪れた時にしたいこと」について聞いたところ、訪日中国人と外国人全体のどちらも「日本食を食べること」、「ショッピング」、「自然・景勝地観光」、「温泉入浴」、「繁華街の街歩き」の順で選択率が高いが、中国人のほうは「ショッピング」、「自然・景勝地観光」、「繁華街の街歩き」などの選択率が比較的高くなっている一方、「日本の酒を飲むこと」や「美術館・博物館」、「日本の歴史・伝統文化体験」、「日本の日常生活体験」、「日本のポップカルチャーを楽しむ」などの選択率が比較的低くなっている（図表5-6）。

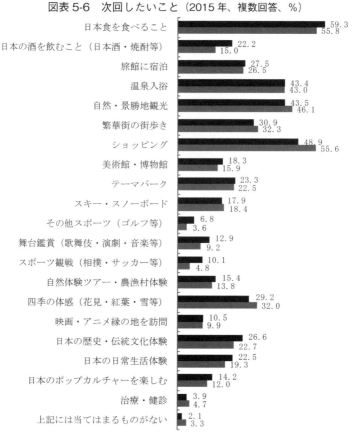

図表 5-6 次回したいこと（2015 年、複数回答、％）

出典：観光庁『訪日外国人の消費動向平成 27 年年次報告書』より作成。

　訪日中国人の最も満足した購入商品及びその理由について第 4 章で紹介したが、ここでは訪日中国人旅行者の日本滞在中の飲食、宿泊、情報収集手段、全体の満足度などについて訪日外国人全体との比較をしながら解説していく。

　図表 5-7 は訪日中国人及び外国人全体の日本滞在中の飲食で最も満足したもの、図表 5-8 はその理由を示したものである。中国人は外国人全体より「魚料理」と「菓子類」の割合が高く、「寿司」、「そば・うどん」、「肉料理」の割合が低くなっている。

第 5 章　訪日中国人はどこを訪れているか

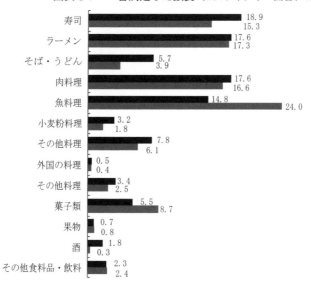

図表 5-7　一番満足した飲食（2015 年、単一回答、％）

■ 訪日外国人全体　■ 訪日中国人

出典：観光庁『訪日外国人の消費動向平成 27 年年次報告書』より作成。

図表 5-8　一番満足した飲食の理由（2015 年、単一回答、％）

	訪日外国人全体	訪日中国人
美味しい	77.1	77.9
品質が良い	10.5	13.4
量や種類が適切	0.8	0.3
価格が手頃・自国より安い	1.5	1.1
有名である	0.4	0.6
好きな料理・食品である	1.4	1.3
珍しい・新しい	1.1	0.3
健康に良い	0.5	0.4
デザインが良い・かわいい・きれい	0.3	0.3
伝統的・日本独特	2.8	2.1
自国で味わうことができないから	2.1	1.5
店のサービスや雰囲気	0.4	0.2
宗教や信条、体質等の理由	0.2	0.0
その他	0.8	0.6

出典：観光庁『訪日外国人の消費動向平成 27 年年次報告書』より作成。

訪日中国人が日本滞在中に利用した宿泊施設については訪日外国人全体とやや同じ状況で「ホテル（洋室中心）」が88.0％で最も多く（外国人全体は84.4％）、「旅館（和室中心）」が34.7％（同22.2％）にとどまっている（図表5-9）。

図表5-9　訪日中国人が利用した宿泊施設（2015年、複数回答、％）

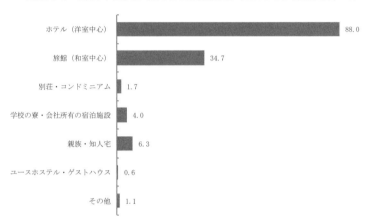

出典：観光庁『訪日外国人の消費動向平成27年年次報告書』より作成。

図表5-10　日本滞在中に役に立った旅行情報源（2015年、複数回答、％）

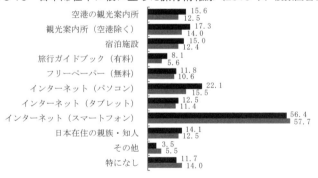

出典：観光庁『訪日外国人の消費動向平成27年年次報告書』より作成。

　日本滞在中に得た旅行情報源で役に立ったものについては中国人と外国人全体のどちらも「インターネット（スマートフォン）」の選択率が圧倒的に多く、「インターネット（パソコン）」と「インターネット（タブレット）」

の利用も多くて訪日外国人旅行者は主にインターネットを経由して旅行情報を取得することがわかる。次いで「観光案内所」や「宿泊施設」、「日本在住の親族・知人」などが有用な情報源として挙げられる（図表5-10）。

日本滞在中にあると便利な情報としては、「無料Wi-Fi」が最も求められ、次いで「交通手段」、「飲食店」、「宿泊施設」、「買物場所」、「観光施設」などが多く挙げられている。「買物場所」に関する回答率は外国人全体の26.5％に対して中国人は42.3％となり、訪日中国旅行者は買物について特に関心度が高いとうかがえる（図表5-11）。

なお、出発前に得た旅行情報源で役に立ったものについては、訪日外国人全体に比べて「個人のブログ」や「日本政府観光局ホームページ」及び「日本政府観光局の案内所」の選択率が比較的少ない一方、「SNS」、「自国の親族・知人」、「旅行会社のホームページ」、「旅行会社のパンフレット」の選択率が多くなっている（図表5-12）。

図表5-11　日本滞在中にあると便利だと思った情報（2015年、複数回答、％）

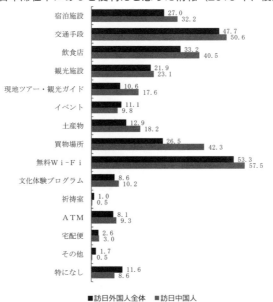

出典：観光庁『訪日外国人の消費動向平成27年年次報告書』より作成。

図表5-12 出発前に得た旅行情報源で役に立ったもの（2015年、複数回答、％）

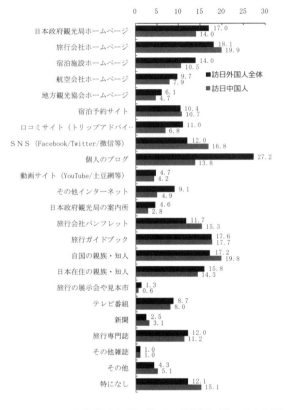

出典：観光庁『訪日外国人の消費動向平成27年年次報告書』より作成。

　訪日旅行の満足度を見てみよう。2015年の訪日旅行全体の満足度調査結果によると、訪日中国人旅行者は「大変満足」、「満足」、「やや満足」がそれぞれ44.8％、46.2％、6.2％で3つ合わせて97.2％で満足度が非常に高い（図表5-13）。外国人全体の満足度は97.1％で同様である（うち「大変満足」47.8％、「満足」44.8％、「やや満足」4.5％）。2014年訪日中国人と外国人全体の満足度がそれぞれ97.6％、97.1％であったので、この2年間では両方とも旅行の綜合満足度が非常に高く、かつ特に変わっていない。

　日本への再訪意向については、訪日中国人は「必ず来たい」が59.7％、「来たい」が32.2％、「やや来たい」が3.7％で3つ合わせて95.6％となり、

ほとんどの人が再訪する意向を持っているとうかがえる（図表5-14）。

図表5-13　中国人訪日旅行全体の満足度（2015年、単一回答、％）

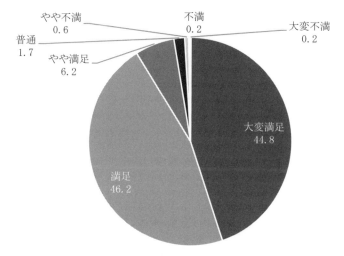

出典：観光庁『訪日外国人の消費動向平成27年年次報告書』より作成。

図表5-14　中国人の日本への再訪意向（2015年、単一回答、％）

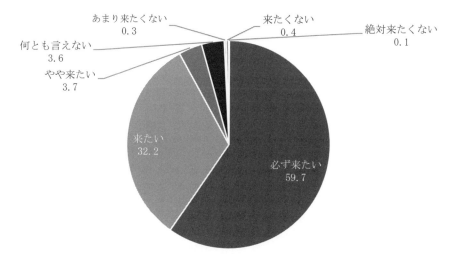

出典：観光庁『訪日外国人の消費動向平成27年年次報告書』より作成。

3. 訪日旅行ブログに見る人気観光地

　ここでは中国の有名ブログサイトの投稿から見た訪日中国人の訪問地などの状況を見てみたい。周知のように、中国におけるインターネットの普及率が急速に高まっており、海外旅行者における旅行情報の収集手段としてインターネットの利用率が非常に高い。統計によると、2014 年 6 月末時点の中国のインターネット利用者は 6.32 億人、うちモバイルインターネット利用者は 5.27 億人にも及んでいるという（スマート観光推進機構ホームページ http://www.smartkanko.com）。特に利用者数が多くて代表的な SNS、ブログサイトとしてよく知られているのは「微信」(WeChat)、「新浪微博」(Weibo)、「新浪博客」(Sina Blog)、「人人網」などである。「微信」(WeChat) は中国版 LINE と言われることも多く、テンセント（中国語名称：騰訊控股有限公司）が提供する無料インスタントメッセンジャーアプリであり、アクティブユーザー数はすでに 6 億人を突破しているという（スマート観光推進機構ホームページ http://www.smartkanko.com）。「微博 (Weibo)」はマイクロブログのことで Twitter と Facebook を掛け合わせたようなもので、約 2 億人近い人が利用していると言われている（スマート観光推進機構ホームページ http://www.smartkanko.com）。「微博」(Weibo) には複数のブランドが存在しているが、新浪社（SINA Corporation、中国語名：新浪公司）が運営している「新浪微博」が最も有名で中国で微博と言えば一般的に「新浪微博」を指している。「人人網」は千橡互動グループ（中国語名：千橡互動集団）が運営する実名制 SNS で中国版 Facebook と言われている。その人気は「微博 Weibo」より低いが、アクティブユーザーが 1.3 億人を超えている（スマート観光推進機構ホームページ http://www.smartkanko.com）。

　図表 5-15 は新浪社が運営している中国で最も主流的で人気度の高いブログサイト「新浪博客」(Sina Blog) に掲載されている訪日中国人による日本旅行に関するブログ（2015 年 1 年間）を集めたものである。大阪に関するブログが 34 件で最も多く、うち USJ に関するものだけで 17 件があり、その人気の高さがうかがわれる。2 番目に多いのが京都で挙げられ

ているその名所や観光スポットも特に多くなっている。次いでは東京、北海道、福岡、沖縄、和歌山の順でブログの件数が多い。

図表 5-15 「新浪博客」に掲載されている訪日旅行に関するブログ (2015年)

場所	回数	キーワード（数字は回数）
北海道	11	札幌 1、函館 1、室蘭 1、美瑛 1、新千歳空港ドラえもん像 1、洞爺湖 1、富良野 2、教会 1、北海道神宮 2
宮城	1	仙台 1
栃木	1	日光 1
群馬	1	草津温泉 1
千葉	1	ディズニーランド 1
東京	13	皇居 2、浅草 2、渋谷 2、有楽町 1、自由が丘 1、買物 2、遊び 1、グルメ 1、クリスマス 1
神奈川	2	箱根 1、横浜中華街 1
新潟	2	風景 2
石川	2	金沢 2
岐阜	3	白川郷 2、古町 1
静岡	2	御殿場平和公園 1、修善寺温泉 1
愛知	1	トヨタ産業技術記念館 1
滋賀	1	比叡山延暦寺 1
京都	24	紅葉 1、桜 1、グルメ 4、茶 1、花見小路 2、清水寺 4、神社 1、伏見稲荷大社 2、祇園 1、嵐山 1、浮世絵 1、古本屋 1、金閣寺・銀閣寺 1、着物 1、民宿 1、哲学の道 1
大阪	34	USJ17、大阪城 2、道頓堀 2、心斎橋 1、中崎町 1、八尾 1、あべのハルカス 1、海遊館 1、グルメ 5、鉄道の旅 2、街歩き 1
兵庫	5	淡路島 4、明石 1
奈良	4	紅葉 1、吉野紅葉 1、鹿 1、吉野桜 1
和歌山	7	高野山 2、たま (猫の駅長)2、白浜 2、自然 1
鳥取	2	鳥取砂丘 2
岡山	5	名所 1、倉敷 2、桃太郎 1、後楽園 1
広島	1	平和記念公園 1
徳島	1	阿波踊り 1
香川	3	現代アートの島 (直島)1、金刀比羅宮 1、琴平温泉 1
瀬戸内海	1	自然 1
福岡	9	街歩き 2、喫茶店 1、博多 3、天満宮 2、5泊6日遊 1
長崎	4	グラバー園 1、グルメ 2、街歩き 1

熊本	1	くまモン 1
大分	2	自然 1、由布院 1
鹿児島	1	活火山 1
九州	3	4 泊 5 日遊 1、名所 2
沖縄	7	宮古島 2、美ら海水族館 2、自然 2、首里城 1
新幹線	1	
クルーズ船	4	
カプセルホテル	1	

出典：新浪微博ホームページ（http://blog.sina.com.cn）より作成。

注：

1）7 ルートの概要は以下の通りである。①「アジアの宝　悠久の自然美への道　ひがし北・海・道」北海道道東の四季折々の大自然、景観、食等を活用し、富裕層をターゲットに誘客を図る。札幌地区に集中しているインバウンドの呼込みも目的。②「日本の奥の院・東北探訪ルート」自然と東北の歴史文化、食を探訪するルート。台湾、香港等の個人旅行を主な対象とする。仙台空港並びに首都圏、函館からの誘客を図る。観光による復興加速化もテーマ。③「昇龍道」豊かな山岳等の自然、歴史、ものづくり文化などを活用し、アジアやアメリカからの誘客を図る。セントレア、東海道新幹線と北陸新幹線効果によりゴールデンルートからの呼び込みを目指す。④「美の伝説」5 つの世界遺産をはじめとする豊富な歴史遺産や絶景、食等を活用し、東南アジアや欧米のリピーター等に誘客を図る。京都・大阪から南近畿、北近畿への呼び込みを目指す。⑤「せとうち・海の道」世界有数の静かな内海（うちうみ）の景色と歴史的な建築物・工芸等を活用し、ゴールデンルートの延長線上に観光動線を形成し、欧米富裕層等をターゲットに外国人宿泊者数を増やす。⑥「スピリチュアルな島～四国遍路～」お遍路やお接待の心の文化や 1200 年の歴史・史跡を活かし、コンパクトな四国や素朴さをアピールし、欧米等の海外からの誘客を積極的に図る。⑦「温泉アイランド九州広域観光周遊ルート」全国一の温泉源泉数と湧出量を誇る温泉をコンセプトとし、歴史文化・自然・食を活用したルート。韓国、中華圏、欧州の FIT 旅行者の拡大を図る。福岡から西九州、東九州への呼込みを目指す（国土交通省ホームページ http://www.mlit.go.jp）。

2）「昇龍道」のネーミングは能登半島を龍の頭に、三重県を龍の尾に見立てて龍の体が中部 9 県をくまなくカバーしながら天に昇っていくイメージに重ね合わせたものとされる（中日新聞ホームページ http://www.chunichi.co.jp）。

第 6 章
訪日中国人の日本イメージ

第6章　訪日中国人の日本イメージ

1．中国人の日本イメージの形成―中国人の著作に見る日本観

(1) 中国正史に描かれた日本

　1世紀に書かれた『漢書』（班固）では、日本のことについて以下の記録がある。「夫楽浪海中有倭人、分為百余国、以歳時来献見云」（楽浪海中に倭人有り、分かれて百余国と為し、歳時を以て来り献見すと云う）。『三国志』（陳寿）は日本について「伝」[1] として取り上げ、以降、20世紀の『清史稿』まで、中国歴代正史[2] の多くには日本伝が書かれている（図表6-1）。外国人による日本研究は中国人のそれが世界で最も古くて長いと言える。

図表6-1　中国正史における日本伝

書名・志伝名	日本呼名	撰者	製作年代（西暦）
三国志・魏書・東夷伝	倭人	陳寿	晋　太　康 10 年（289）
後漢書・東夷伝	倭	范曄	宋　元　嘉 22 年（445）
宋書・夷蛮列伝	倭国	沈約	斉　永　明 6 年（488）
南斉書・東南夷伝	倭国	蕭子顕	梁　天　監 13 年（514）
梁書・東夷伝	倭	姚思廉	唐　貞　観 9 年（635）
隋書・東夷伝	倭国	魏徴ら	唐　貞　観 10 年（636）
晋書・四夷列伝	倭人	房玄齢ら	唐　貞　観 20 年（646）
南史・夷貊伝	倭国	李延寿	唐　顕　慶 4 年（659）
北史・四夷伝	倭	李延寿	唐　顕　慶 4 年（659）
旧唐書・東夷伝	倭国 / 日本	劉昫	後　晋　開　運 2 年（945）
新唐書・東夷伝	日本	欧陽修ら	宋　嘉　祐 6 年（1061）
宋史・外国伝	日本	脱脱ら	元　至　正 5 年（1345）
元史・外夷伝	日本	宋濂ら	明　洪　武 5 年（1370）
明史・外国列伝	日本	張廷玉ら	清　乾　隆 4 年（1739）
新元史・外国伝	日本	柯劭忞	民　国 9 年 （1920）
清史稿・邦交志	日本	趙爾巽ら	民　国 16 年（1927）

出典：武安隆・熊達雲（1989）。

第6章　訪日中国人の日本イメージ　　93

(2) 中国における日本研究のブーム

明代以降、正史という官修史書以外に個人による日本研究著作が登場し、増加し、現在に至るまで、以下で述べているように、いくつかの日本研究の高揚期があった。

1）明代嘉靖〜万歴年間（1522〜1620年）

明代薛俊の『日本考略』は中国人が最初に書いた日本研究専門書であると見られる（武安隆・熊達雲 1989、p.71）。それを皮切りに、鄭若曾の『籌海図編』、『日本図纂』、侯継国の『日本風土記』、李言恭・郝傑の『日本考』、鄭舜功の『日本一鑑』などが相次いで現れた。

2）清代戊戌政変（1898年）前後

明治維新をきっかけに、中国人の日本への関心が一気に高まっており、何如璋『使東述略』（1877）、王韜『扶桑游記』（上・中・下、1879）、王之春『談瀛録』（1879）、李筱圃『日本紀游』（1880）、黄遵憲『日本雑事詩』（1879）、『日本国志』（1895）、陳家麟『東槎聞見録』（1887）、傅雲竜『游歴日本図経』（1889）、黄慶澄『東游日記』（1893）、呉汝綸『東游叢録』（1902）、程淯『丙午日本游記』（1906）など、この時期では、明治新政についての紹介や日本への印象記を内容にした本がたくさん書かれた。黄遵憲の『日本国志』では、日本の外国文化の導入と明治維新の成果について次のように評価している。日本は国際交流で得た利点は特に多い。古代には隋唐と使を通じ、その結果、自国は「礼儀文物が思った通り完備」した。近代は西洋と交流したので、自身は「いち早く文明の域に入って諸大国と渡り合う」ようになった（武安隆・熊達雲 1989、p.135）。

3）辛亥革命（1911年）前後

辛亥革命から九・一八事変までの間、中国の日本研究は時勢の影響で少なくなっていたが、孫文（『孫中山全集』）、李大釗（『李大釗文集』）、孫懐仁『日本現代人物論』（1917）、劉海粟『日本新美術の新印象』（1921）、戴季陶『日本論』（1928）、郭真『現代日本論』（1929）、謝六逸『日本文学史』（1929）などを挙げることができる。この時期の研究では、日本人

の国民性に関する論評が増えてきた。例えば、戴季陶『日本論』では、日本人は崇高さ、偉大さ、優雅さ、精緻さという4つの品性の中で、「最も豊富なものは優雅さと精緻さであり、最も欠けるものが崇高さと偉大さである。特に偉大さが欠如する」としている（武安隆・熊達雲 1989、p.198）。

4) 15年戦争期（1931～1945年）

日中関係が有史以来最も険悪だった時期であったが、敵を知る必要性から、愛国的知識人による日本研究の著作が多数出された。主なものとして、謝晋青『日本の民族性研究』（1931）、王文萱「日本の国民性」（1933）、潘光旦『日本とドイツ民族性の比較研究』（1935）、鄭独歩「日本の国民性の検討」（1935）、傅仲濤「日本民族の二三の特性」（1936）、周作人「日本文化を語る書」（1936）、『日本文化再認識』（1941）、郁達夫「日本人の文化生活」（1936）、葉建高「日本の文化面」（1936）、家禾「歴史から見た日本文明」（1936）、郭沫若「中日文化の交流」（1935）、「日本の過去・現在・未来」（1937）、「日本民族の発展の概観」（1942）などが挙げられる。その題名からわかったように、この時期の研究では、日本の民族性と日本文化に関するものが比較的多かった。一例を挙げると、傅仲濤「日本民族の二三の特性」では、日本民族の特性について7つを挙げている。すなわち、①万世一系の思想、②強い愛国心、③尚武、有為、勇敢、積極、確固とした、緊張かつまじめな精神がありながら、残忍、殺伐、短気で度量が小さいという欠点を持っている、④よく模倣し、時流に追いつく特性、⑤流麗、素直さ、明るさ、淡泊、天真、繊細を愛好する特性、⑥耽美主義、⑦リアリズムの特性、の7つである（武安隆・熊達雲 1989、p.208～201）。

5) 改革開放期以降（1978年～）

文化大革命の混乱が終息し、改革開放への転換に伴って、長い間中断してしまった中国の日本研究は新しい高揚期に入った。その代表的なものについて以下にまとめておく。万峰『日本近代史』（1981）、汪向栄『邪馬台国』（1982）、杜導正『探索日本』（1981）、李連慶『桜花之国』（1984）、逸平『島国風情録』（1985）、梁策『日本の謎―東西文化の融合』（1986）、馮昭奎『扶桑雑話―観察与思考』（1987）、厳紹璗「古代日本文化与中国文化会合的形態」

(1987)、駱為龍『日本の色々』(1987)、高増傑『日本近代成功的啓示──談伝統文化与西方文化』(1987)、「日本近代文化の二重構造」(1989)、官文娜「大和民族の心理構造について」(1987)、李培林『重新崛起的日本』(2004)、劉迪『三味日本』(2011)、李兆忠『看不透的日本──中国文化精英眼中的日本』(2012)、孫敏『日本人論』(2013)、王秋菊『日本文化論』(2015)、徐静波『静観日本』(2016)など。この時期の研究では、日本人と日本文化の多様性に関するものが多く出された。例えば、梁策『日本の謎──東西文化の融合』において次のように書かれている。日本人は複雑で刻々と変わりつつある社会構造の中で生きているので、多様な物質的、心理的な要求がある。同時に社会的にも協調や安定が必要でありながら、競争と発展も必要であるという多様な要求があるので、「多面的価値観のモデル」が持たれている。それによって、日本人は思想や文化などの広い分野で寛容な態度をとり、外来文化を包摂して、多様な日本文化が生まれた（武安隆・熊達雲 1989、p.276）。

(3) 中国人の著作に見る日本人観と日本文化観

以上で述べたこれまでの中国における日本研究の著作は、中国人の日本人観と日本文化観の形成に大きな影響を与えていたと考えられる。言い換えれば、中国人の一般的な日本イメージはこれらの著作などによって徐々に形成し定着してきたと考えられる。図表6-2と図表6-3は中国人の典型的日本人観と日本文化観のイメージ図である。

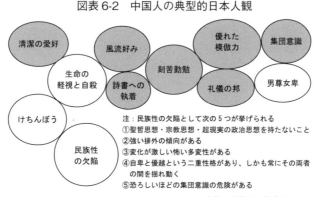

図表6-2　中国人の典型的日本人観

注：民族性の欠陥として次の5つが挙げられる
①聖哲思想・宗教思想・超現実の政治思想を持たないこと
②強い排外の傾向がある
③変化が激しい怖い多変性がある
④自卑と優越という二重性格があり、しかも常にその両者の間を揺れ動く
⑤恐ろしいほどの集団意識の危険がある

出典：武安隆・熊達雲（1989）より作成。

図表 6-3　中国人の典型的日本文化観

「複合形態の変異体」説	・外来文化を吸収し、融合して新しい文化形態に変容
「二重構造」説	・西洋文化と伝統文化 ・貴族文化と庶民文化
「さまざまな矛盾」説	・平和と尚武 ・開放的と保守的 ・開明と閉塞 ・礼儀と粗暴

出典：武安隆・熊達雲（1989）、新浪網などより作成。

2. 在中中国人から見た日本―中国における世論調査からわかったもの

　従来における中国人の典型的な日本イメージについて上述したが、ここでは、公表されている世論調査の結果をもとに、近年における中国人の個人レベルの日本イメージについて分析してみる。

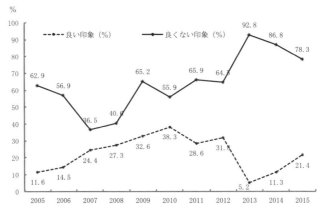

図表 6-4　中国人の日本に対する印象（2005～2015年）

注：(1) 言論 NPO と中国国際出版集団が実施した世論調査の結果に基づくものである。調査は、北京・上海・広州・成都・瀋陽・武漢・南京・西安・青島・鄭州を含む10都市で、18歳以上の男女を対象に、2015年8月21日から9月7日の間で実施され、有効回収標本は1,570である。回答者の最終学歴は中学校以下が11.5％、高校・職業高校・専門学校卒が40.7％、大専卒が25.7％、大学卒が20.8％、大学院卒が1.2％。図表4・5・6は同じ。(2)「良い印象」:「良い印象を持っている」、「どちらかといえば良い印象をもっている」の合計。(3)「良くない印象」:「良くない印象を持っている」、「どちらかといえば良くない印象を持っている」の合計。
出典：言論 NPO 資料より作成。

第6章　訪日中国人の日本イメージ　　97

図表 6-5　中国人が日本に対して「良い印象」を持つ理由（2015 年）

理由	回答数 （複数回答）
日本人は礼儀があり、マナーを重んじ、民度が高いから	57.0%
日本人は真面目で、勤勉で、努力家だから	47.2%
日本製品の質は高いから	43.0%
日本の環境は美しく、自然が風光明媚で、温泉等の観光地が多いから	40.1%
日本は経済発展を遂げたから	36.8%
日本の技術は先進的だから	33.5%
日本文化は魅力的だから	11.6%
日本社会は安定していて、インフラ整備と法律制度が整えられているから	11.0%
日本が長期にわたり政府開発援助（ODA）を行っているから	0.9%

出典：言論 NPO 資料より作成。

図表 6-6　中国人が日本に対して「良くない印象」を持つ理由（2015 年）

理由	回答数 （複数回答）
侵略の歴史をきちんと謝罪し反省していないから	70.5%
日本が釣魚島[3]を国有化し対立を引き起こしたから	68.1%
日本は米国と連携して軍事、経済、イデオロギーなどの面から中国を包囲しようとしているから	41.1%
一部の政治家の言動が不適切だから	33.4%
日本のメディアが中国の脅威を喧伝するから	30.4%
日本は傲慢で内心では中国人を見下しているから	22.2%
日本の国民のナショナリズムが強烈だから	19.8%
日本は両国関係に真摯に向き合っていなく、経済的利益のみを関心事としているから	15.9%
特に理由はない	0.2%

出典：言論 NPO 資料より作成。

　図表 6-4 は中国人の日本に対する印象を示すものである。2010 年まで、日本に対して「良い印象」を持っている人が年々増え、2005 年の 11.6% から 2010 年に 38.3% に達していたが、その後低下に転じ、特に 2012 年の尖閣諸島国有化事件をきっかけに一気に 31.8% から 5.2% まで大幅

に落ち込んでしまった。2014年は11.3％で前年より回復し、2015年は21.4％で2014年よりさらに10ポイント増加となった。

　日本に対して「良い印象」を持つ理由としては、「日本人は礼儀があり、マナーを重んじ、民度が高いから」、「日本人は真面目で、勤勉で、努力家だから」が上位を占め、上述した典型的な日本人観から由来する日本人の国民性に対する高い評価がプラスの印象に寄与している。また、「日本製品の質が高いから」、「日本の環境は美しく、自然が風光明媚で、温泉等の観光地が多いから」など日本製品と日本の観光資源に対する好評も目立っている（図表6-5）。

　一方、日本に「良くない印象」を持つ理由では、「侵略の歴史をきちんと謝罪し反省していないから」、「日本が釣魚島を国有化し対立を引き起こしたから」といった歴史問題、領土問題に関するものが突出している。「日本は傲慢で内心では中国人を見下しているから」、「日本の国民のナショナリズムが強烈だから」など、一部日本の国民性に関するものも挙げられている（図表6-6）。

　日本について思い浮かべるものとの質問に対して、「釣魚島」が50.6％、「南京大虐殺」が47.9％で領土問題と歴史問題に関するものが目立っているが、「桜」が35.0％、「電気製品」が33.9％、「富士山」が15.2％で政治的な問題に関係しないものも多く挙げられている（図表6-7）。

図表6-7　中国人が日本について思い浮かべるもの（2015年）

理由	回答数（複数回答）
釣魚島	50.6％
南京大虐殺	47.9％
桜	35.0％
電気製品	33.9％
中国を侵略した旧日本軍	20.7％
日本料理	16.8％
靖国神社	16.3％
富士山	15.2％
日本車	9.8％

マンガ、アニメ	6.4%
米国による広島・長崎への原爆投下	5.3%
地震、津波	5.2%
武士道	5.2%
福島原子力発電事故	3.7%
米軍基地	1.8%
相撲	1.7%
平和憲法	1.1%
科学技術	1.1%
バブル経済	0.8%
新幹線	0.8%
対中援助（ODA）	0.6%
明治維新	0.6%

出典：言論 NPO 資料より作成。

　以上からわかったように、中国では、日本人の国民性や日本製品、日本の環境、自然、料理、文化などについて高く評価し、日本に良い印象を持っている人がいるものの、領土や歴史、政治関係の問題で日本に良くない印象または怖いイメージを持っている人の方が人数的に多い。

3. 訪日中国人から見た日本―訪日で日本イメージはどう変わっているのか

　では、実際日本を訪れて日本旅行を経験した中国人はその日本イメージが変わるのだろうか、どう変わっているのだろうか。ネット上の訪日中国人の投稿などから見てみよう。

　まず、「恋する中国」（http://www.togenkyo.net）というサイトでまとめられた中国人観光客日本訪問の感想から一部を引用して紹介しておく。複数名の感想を抜粋して箇条書きにしたものである。

・日本は非常に清潔であった。道路でゴミ箱を見かけることはほとんど無かったにもかかわらず、ゴミが落ちていない。

・日本は都市部でも地方部でも、屋内も屋外も、ひいてはトイレまでも非

常に清潔なのである。

・日本の環境は一言で言えば「清潔」であること、これは大きく日本人の素質から成り立っている。

・日本の空はとても青く澄んでいて、多くの工業地帯を通ったが、煙突から黒い煙が出る光景は見られなかった。田舎の環境もとても良く保護されており、砂埃が舞う場所は基本的に見られない。森林も多く、密集しており、人為に伐られた形跡は無い。都市部でも木が生い茂っており、多くの芝生がある。

・日本の公共トイレは全て無料であり、どれもとても清潔に整備されている。

・日本のゴミは全て分別して出される事を聞いて私は驚いた。これはリサイクルされる為であり、再利用によって新たな経済価値を生み出す他に資源の節約もできる。

・デパートでのショッピングの際、日本人店員は言葉の壁があったにもかかわらず、私達のためにあっちへ行ったりこっちへ行ったりしながら免税手続きをしてくれたのであった。免税手続きの最中、日本人店員はずっと付き添ってくれたばかりか最後にはお辞儀をしながら陳謝し続けていた。私は逆に恐縮すると同時に、身に余る待遇にうれしい思いであった。

・ホテルやデパート等で親切で友好的なサービスを多く受けることが出来たし、街中で道を尋ねた際も、
　日本人は親切に道案内をしてくれた。彼らからは敵意などを微塵も感じることは無かったのである。

・日本人は温和であり、礼儀正しい。自己の利益のために他人を陥れるということもない。交通ルールを遵守し、地下鉄やバスで強引に席を占めることもしないし、話は全て小声でする。また、ホームレスの人であっても、

物乞いはしないのである。

・日本人は全体的に見てとても礼儀が正しい。日本で人に道を尋ねても、その礼儀の正しさに自分が気まずくなってしまう。警察の方は常に笑顔で助けてくれ、お店の従業員の方も親切である。買い物をする際には店員の方が商品を持ってくれ、きちんと包装をしてくれてから支払いをする。これらの出来事がとても印象に残った。

・仕事面においては、露天商から個人事業主、大企業の従業員、百貨店等の販売員に至るまで、勤務態度は真面目で温和、そして非常に礼儀正しい。

・東京や大阪はもちろん、中小都市でさえ街中は整備され、賑わっている。街中を歩いてまず驚いたのが自動販売機やコンビニエンスストアがとても多いことだ。お寺やオフィス、倉庫やホテルなども数多い。

・日本の伝統文化はとてもよく保たれており、今日に受け継がれている。街中で着物を着る人や建物、用品、食品に至るまで伝統を感じられるものがある。日本の民族意識が日本人の責任感を強め、競争率や効率を高めている。伝統文化の他に近代文化もとても発達している。マンガ、ドラマ、音楽は言うまでも無い。日本のお店の店構えやその中で売られている商品は手が込んでいて、物細かに作られているだけでなく、1つ1つ入念にデザインされている。これらが物語るのは日本人の美を追及する執着心の強いことと理解する水準が高いことである。

・日本に行く前私はこの国に対してとても排斥的であり、警戒心に満ち溢れていた。しかし今回の旅行で私の心は平常を保つことが出来なくなってしまった。何故ならばこの過去において敵対し、なかなか自らの過ちを認めない国家に対して我々の理解は少なすぎることである。いろんな方面において、日本は我々を遥かに超えている。これは事実であり、回避することは出来ない。我々はこの国に対して理解し、学ぶべき必要が大いにある。

Record China（http://www.recordchina.co.jp）というサイトにも中国人観光客による日本訪問の感想を多数掲載しているが、次では事例として訪日で日本への印象が大きく変わったと感じられるブログをいくつか見てみる。

　ブログ (1)：日本を巡るツアーに参加した中国人女性による初めての日本旅行の印象

・数年前に海外旅行に行くようになってから、ずっと日本を「最終地点」と定めてきた。なぜなら、歴史の問題や周囲の反対もあり、あまり早く行く気にはなれなかったからである。しかし、次第に中国と多くの共通点を持つ日本への興味、この目で見てみたいという衝動が押さえきれなくなった。 そこで私は 3 月に、東京、横浜、富士山、大阪などを巡るツアーに申し込んだ。今回の旅行で感じたことをひと言で表現すると、中国と日本の国民の素養の差は胸が痛むほどに大きいということである。

・日本が「模倣」に長けていることは世界で有名である。古代は中国の唐に学び、近代以降はドイツや米国に学んできた。しかし、日本人は模倣した後、深く研究して発展させるところが違う。そしてそれを自国で使用したり、海外に輸出したりして、経済成長につなげるのである。 また、そのベースにあるのはまじめに取り組み、細かいところにこだわり、人を資本とするような考え方である。世界に称賛される多くのモノやサービスは、このようななかから生まれたのだろう。

・私は以前、日本の物価はとても高いと感じていたが、今回、日本を訪れてみて、多くの場合中国よりも安いと感じた。重要なのは品質とのバランスである。品質が満足いくものであれば、価格が高くても「高い」とは感じない。中国で同程度の品質のものを買おうとすれば、もっと高いだろう。その上、ニセモノである可能性もある。日本ではそのような心配がなく、安心して購入できる。

・日本はとにかく清潔で、日本人はお年寄りから子どもまで礼儀正しく、

上品に見えた。中国人は確かに裕福になった。しかし、素養は経済的に豊かであるか否かではなく、人の価値観や道徳心と深く関わっているということを感じた。おそらく日本は、世界中のどの国の人が旅行しても「また訪れたい」と感じるだろう。

・今回の旅行では、日本の桜を満喫できたが、日本は季節によって同じ場所でも違った景色が見られる。この点も、多くの旅行者が再び日本を訪れたくなる理由の1つだろう。

　ブログ (2)：教育関係の仕事をする中国人女性による「私が日本を訪れてみたくなった理由」
・日本は民族的な感情からずっと旅行を避けていた国であった。日本に行ったことがある人たちはみな美しい言葉でこの国をほめたたえるが、骨の髄にはぬぐい去れない歴史の記憶が刻まれていた。実はこうした考え方がとても狭隘であるとわかってはいたが、深く根を張った観念は簡単には変えられない。そんな状況で、私が日本へ行こうと思った一番の理由は、中国版ツイッター（微博）に掲載された文章であった。そこには、中国の小学生が日本の小学校を訪れ、現地の小学生と昼食をいっしょに食べる様子が書かれていた。私は日中両国の子どもの教育の差に深い驚きを感じた。

・日本の子どもたちが小さいころから受ける「環境保護」や「自立」の教育は、どちらも中国の教育に欠けているものである。私は中国版ツイッターで文章をシェアし、中国の親たちにこれを見て学ぶよう呼びかけた。私は中国はいつか変われると信じている。われわれが自らの欠点を見つめ、子の代、孫の代、ひ孫の代と改善を重ねていけば、中国の未来はきっと良くなるはずである。

・中国人が敵視し、ボイコットし、見下している彼の国は、世界の経済大国なのである。一方の中国はまだ発展途上国のグループのなかでもがいている。さらに言えば、日本は経済以外にも人々の礼儀正しさや秩序、素養の高さでも世界にその名が知られている。「百聞は一見にしかず」。私は賛

否両論があるこの国を自分の目で確かめてみたくなったのである。

　ブログ (3)：日本人との交流機会を持った人による「私が恨むべき日本はいったいどこに」
・仙台の東北大学にいた時、私は日本の子どもたちと交流する機会を持った。心にわだかまりがなかったわけではない。「彼らは日本人だ」という意識は常にあった。しかし実際、彼らは清潔で礼儀正しく、とても純粋で嫌いになれるような人物ではなかった。私が憎むべき「日本」は仙台にはない。私が憎むべき「日本人」は彼らであろうはずがない。しかし、"あの"日本はいったいどこにあるのか？よく「日本に行ったことがある中国人は、日本への印象が変わる」といわれるが、私にとってはまさにその通りであった。彼らの礼儀正しさなどはもちろんそうだが、私が気付いた最も重要なことは、彼らも「人」であるということである。

・おかしな話かもしれないが、私は日本を訪れる前、日本には変態侵略者のキャンプがいたる所にあると思っていた。しかし、実際は我々と同じように静かに暮らす人々がいるだけであった。彼らも私たちと同じように、両親がいるし、子どもがいる。恋愛もするし、失恋もする。喜んだり悲しんだりもする。当然のことである。しかし、小さい子どもが泣きながら母親に甘えていたり、女学生が手をつないで歩いていたり、サラリーマンが険しい顔でたばこを吸っていたりする姿を見ていると、「自分たちと何ら違いがない」という実感に包まれる。彼らの祖先が中国に悪いことをしたからといって、彼らがその罪をかぶらなければならないのか？彼らの幸せは奪われるべきなのか？そんな道理はあるはずもない。

・中国では日本について、まるで奇怪な場所であり、宇宙人が住む街であるかのように紹介されている。彼らは日本に行ったことがないと思われる。彼らにとっての日本は地図の上の１ピース、ニュースの中のたった２文字に過ぎない。たとえ誰かから批判されても、これだけは言いたい。私が出会った日本人はみな素晴らしかった。日本社会には文明と秩序が根付いている。私はそこで温かい援助を受け、心からの笑顔を見た。私は日本で

ばかにされたと感じたことはなかった。自分の生活がしっかりしていれば、他人を恨む必要はない。自分が他人を尊重すれば、他人も自分を尊重してくれる。日本に対する"妄想"は日本に行ってなくなった。

　ブログ(4)：旅行で東京を訪れたという若い中国人女性の旅行記
・私が特に好きなのが、東京の地下鉄の自動販売機めぐりである。液晶パネルにタッチして購入するタイプのものまである。驚いたのはアイス。1本買ってみると、持ち手の上の部分に受け皿が付いており、暑さで溶けても手まで流れてこないように設計されている。日本人の心遣いを心から尊敬した。どうして私たちはここまで思い至らないのか。

・私たちが訪れたカメラの機材を扱う中古店でも発見があった。日本人は商売をするとき、比較的良心的で、客を騙そうとすることが少ない。商品には"優品""良品"などの表示があり、買い手はすぐに商品の状態を把握できる。値段も手ごろであった。

・銀座で一番頭を悩ませたのは食事である。どれもおいしそうな日本料理ばかりで決められず、自分のお腹が1つしかないことがうらめしかった。友人は「東京で食事すると高いでしょう」と聞いてきたが、実は北京で食べようと思えば500元（約8,500円）はくだらないものが、銀座では300元（約5,000円）ほどで食べられるのである。

・日本の子どもたちはみなおとなしく、おもちゃを欲しがって駄々をこねる子どもの姿は見られなかった。道端で大小の便をする子どもも、食事のときに汚く食べ散らかす子どもも、大騒ぎをする子どももいなかった。この話は、子を持つ一部の中国人たちに聞かせたい。

・政治のことは私たちにはどうしようもない。日本人はみなナイスで礼儀正しく、よく笑う人たちであった。車は歩行者に道を譲り、歩行者はドライバーに頭を下げる。どの店のサービスも世界一流な上、何も買わなくてもお礼を言いお辞儀をする。道行く人はできる限りサポートしようとしてくれる。

・一方の私たちはどうか。中国では、中国人が金を払って買った日本車が破壊される。素養とは本当に少しずつ養われるものである。日本人はこの方面では、私たちの数十年先を行っている。謙虚に、他人の長所や自己の欠点に向き合おう。過激な人々は、きっと旅行が嫌いで、一日中自分の殻に閉じこもっているに違いない。外の世界を見なければ、ネットの掲示板を荒らすことしかできない偏狭な愛国主義者にしかなれないのである。

　ブログ (5)：日本を訪れた中国人男性が感じた「これまでと違う日本に対する印象」
・政治の問題に言及しなければ、日本は素晴らしい国だと言える。台湾人ガイドが「日本に行ったことのない中国人の多くは、日本を旅行するとまるっきり違う認識を持つ」と言っていたが、まさしくその通りであった。

・日本に来る前は、日本の政治がなんとなく右傾化しているように感じたが、ここへ来て初めて実は日本の政治を把握することがとても難しいことに気付いた。首相は次々と辞任し、国民は政治に無関心。政治上の極左や極右は、日本ではどちらも市場はないようである。

・日本に来る前は、日本人が冷たく恐ろしい民族だと感じていたが、ここへ来て初めて日本の一般人はみな平和をとても愛していることがわかった。ほとんどの都市にも平和記念館や平和公園のようなものがある。

・日本に来る前は、日本では毎日、地震が起きているのだと恐怖を感じていたが、ここへ来て初めて少しも心配する必要がないと気付いた。建物は中国のように「おから工事」ではなく、どの建物もマグニチュード 7 程度の地震には悠に耐えられる作りになっている。

・日本に来る前は、日本のマナーが煩わしく、おかしいのではないかとさえ感じていたが、ここへ来て初めて、この心の奥底からの礼儀をすでにすべての人が体現していることに気付いた。日本人と接したときに、相手からの尊重をひしひしと感じられるのである。

第6章 訪日中国人の日本イメージ　　107

・日本に来る前は、日本人は身長がとても低いと思っていたが、ここへ来て初めて日本人の背が割と高いことに気付いた。先日のニュースでは、日本人の平均身長はすでに中国人を超えていると伝えられていた。主な要因は1杯のミルクだという。中国は毒入りの粉ミルクでどれだけの子どもの命を奪ってきただろう。考えるだけでも寒気がする。

・今回の日本旅行で感じた1つの結論がある。それは、距離こそ一衣帯水の隣国だが、依然としてその差は大きいということである。中国が将来、できるだけ早く世界の価値観と道を同じくすることを願っている。「特色」ある道は、そこから反れていく一方なのである。

　ブログ (6)：日本を旅行した北京在住の中国人男性がまとめた「日本旅行の10の特徴」

1) 日本人のルール

　街中や横断歩道では、ほとんどの人が左側通行を守っていて、非常によく秩序を守っている。電車やバスに乗るときには1列に並び、歩行者も自動車も信号無視はほとんどしない。歩道を走る自転車も、歩行者を優先している。人にぶつかると、自分から先に謝る。

2) 日本の伝統文化の継承

　すべての寺や文化、工芸品などが継承されている。現在では、多くの若者が後を継ぎたがらないというが、それでも、寺では若い坊さんが、伝統工芸品を扱う店では若い職人が汗をかく姿が見られる。

3) 日本の文化の多様性

　日本の街には伝統的なものからモダンなものまで、流行しているものから個性のあるものまで、さまざまな文化が混在している。社会の包容力が大きいと言える。

4) 日本人の親切さ

　街で道を尋ねるときは、みんなとても親切である。言葉は通じないもの

の、身振り手振りで意思を伝えると、携帯電話で目的地の位置を教えてくれたり、その場所まで連れて行ってくれたりする。次に道を尋ねるのが申し訳なくなる。

5) 日本人の職業意識の高さ

たとえ小さなクッキーを1箱買っただけでも、丁寧に包んでくれる。

6) 日本人の清潔さ

道も店のなかもトイレも、常に清潔に保たれている。

7) 科学技術の発達

新幹線、自動ドア、地下鉄、各種の家電など。その素晴らしさは、もはや語り尽くされている。

8) 日本の女性のスカート

日本の女性は、冬でも丈の短いスカートをはいている。本当に寒くないのだろうか？奇妙なのは、上は厚いダウンを着て、首にはマフラーまでしているという点である。

9) 日本人の英語レベル

ホテルのフロントとキャビンアテンダントを除けば、出会ったほとんどの日本人が英語をまったく話せなかった。しかし、漢字を書くことで意思の疎通は可能であった。難しい形容詞などは書いてはいけない。名詞か動詞を1文字ずつ書くといい。

10) 日本の物価

実は、日本の日用品と食事における物価は中国と大きな差はない。そればかりか、一部の商品は中国よりも安い。最も高いのは交通費と宿泊代。そのため、日程が決まれば、日本での消費はあなたが想像するほど恐ろしくはない。

第6章　訪日中国人の日本イメージ　　109

　以上、複数名の訪日中国人の感想と6名訪日中国人のブログを示した。これらはあくまでたくさんあった訪日中国人による投稿の中の一部分であり、またいずれも個人による所見にすぎないが、多くの中国人が訪日旅行を通じて日本の良さを知り、日本への印象が大きく変わることがこれでよくわかると考える。

　もちろん、初めて訪れる人にはカルチャーショックが少なからずあるのである。中国のポータルサイト「捜狐」では中国人の視点から見た日本の「おかしな習慣」を紹介する記事が掲載されている。以下はその抜粋である。

1) 玄関の外に表札

　日本の民家には、過去の習慣にならって表札がかけられていることが多い。この習慣は中華民国時代に中国でもあったようだが、中国では姓だけを記すのに対し、日本では名前まで記してあることもある。

2) 皇居にホームレス

　皇居には二重橋があり、松の木が茂っているが、ホームレスも何人かいるから驚き。中国の人民大会堂の前にホームレスがいたら、すぐに公安に追い払われるだろう。

3) 外国産の野菜や果物が安い

　日本のスーパーでは、野菜や果物は外国産が安く、国産が高い。これは中国とは真逆である。その上、外国産と国産では値段が10倍以上違うものもある。例えば中国産のニンニクは1キロ180円だが、日本産は1つ180円くらいする。そんなに味が違うのだろうか？

4) 歩く速度が速い

　多くの日本人は交通ルールに従う。日本の都市部では、大勢の人が信号待ちをしている光景をよく目にする。そして、ひとたび信号が青に変わると、紳士も淑女も飛ぶように速く、先を争うように道を渡る。

5) 電車の切符は機械で販売

日本では新幹線の切符を含め、ほとんどが無人の券売機で購入できる(中国では列車の切符は有人の販売所で購入するところが多い)。また、スイカなどのICカードも普及しているので、中国の駅のようにダフ屋が活躍する機会はない。

6) デパートやスーパーで写真撮影ができる

日本の多くの店では、写真を撮影してもとがめられることはない。もし中国なら、警備員に制止されるだろう。中国の店の店長は、一般的に記者を強盗のような目で見る。ちょっといいカメラを持っている人が来ると、毛を逆立てて警戒する。日本の観光地などでは、女の子にカメラを向けるとポーズまでとってくれる。生活が穏やかな証拠である。

7) 店員がひざまずいて接待

日本のサービスが一流であることは、認めざるを得ない。食事処が畳の場合は、店員はひざまずいて客への敬意を示す。

GMOリサーチが2015年8月14日～8月21日に中国人1,355人(うち訪日経験なし・予定なし：452人、訪日経験なし・予定あり：458人、訪日経験あり：445人)を対象に行った「日本のイメージ、観光嗜好に関する日中比較調査」を見ても、「訪日経験の有無が中国人の意識に大きな影響を与えることが判明」し、具体的には、以下のことがわかったという(GMOリサーチホームページ (https://www.gmo.jp)。

(1) 日本のイメージについて

「日本」から連想する言葉を最低5語以上自由に挙げてもらい、その言葉を、意味を持つ最小限の単語に分解して、ネットワーク分析を行った。

日本へのネガティブなイメージについては、「訪日経験なし・予定なし」のグループでは、「南京大虐殺」、「釣魚島」、「靖国神社」、「慰安婦」、「侵略」、「抗日戦争」、「731」、「武士道」などネガティブな印象を想起させるさまざまな単語が連なり、大きなネットワークを形成している一方で、「訪

日経験なし・予定あり」のグループではそれが小さく分散しており、「訪日経験あり」のグループではそれがさらに小さくなっている。このことから、日本への関心度合に応じてネガティブなイメージが縮小すると考えられる。

　「訪日経験あり」グループにおいて、「きれい」、「清潔」、「環境」、「衛生」、「空気」、「風景」、「礼儀正しい」、「秩序」、「交通」、「発達」、「品質」などポジティブなイメージが顕著に表れ、大きなネットワークを形成している。これは「訪日経験なし」及び「訪日経験なし、予定あり」のグループにはほとんど現れていないことから、訪日時に日常視点で日本を観察し、日本の良さが強く記憶に残ったと解釈することができる。

(2) 日本の観光資源に対する嗜好
　「富士山」、「東京ディズニーランド」、「日本酒」などの項目については、どのグループも共通して認知度・訪問意向度ともに高い傾向にあるものの、その他の項目については、グループによって大きな違いがあるのがわかった。「訪日経験あり」の場合、それらの共通項目に加えて「澁谷センター街」、「大阪天神橋筋商店街」、「京都国際マンガミュージアム」、「川村記念美術館」、「阿寒湖温泉」といった日本人の認知度もそれほど高くない項目について高い認知度が示されている。

　訪問意向度については、認知度とほぼ同一の結果となった。これは全体的に、認知度が高い観光資源の訪問意向度が高くなる傾向があるからだろうと考えられる。

4. 在日中国人から見た日本

　在中中国人や訪日中国人と比べて、日本に長期的に滞在している中国人による日本イメージはきっと違うものであろうと考える。ここでは一例として5人の日本長期滞在者の感想を示しておく（図表 6-8）。

112

図表6-8　5人の日本長期滞在者の感想

(1) 崔愛玲（天真集団ＣＥＯ、東京・天津往来 29 年）
「なぜ日本民族を大和民族と呼ぶのかもようやくわかりました。つまり仏教、儒教、道教といった教えが伝えられてから、日本はいかなる排斥もせず、それぞれのよいところをすっかり吸収した。それで「和」と呼ぶようになったのです。こうした思想は、日本がのちにさまざまな文化を吸収していくにあたって、正しい道標を打ちたてたのだと思います。」
(2) 盛中国（バイオリニスト、東京・北京往来 28 年）
良い面：①国民の素養が高いこと、②公共のモラルを非常に重んじていること、③日本特有の楽しみを味わう方法があること、④信用と秩序を重視すること 良くない面：①融通がきかないこと、②おとなしく、政治には関心がないこと、③集団主義を重んじること
(3) 毛丹青（神戸国際大学教授、神戸在住 28 年）
「日本の魅力は、日常にある。誇張も誇示もされない日常だ。たとえば、寺院を訪れると、その質素な正門や地味な装飾を目にすると、実に気分がいい。」「日本は儀式の国で、どんなものでも儀式を重んじる。と同時に職人の国で、職人技に凝っている。この2つのもの（儀式と職人技）には引きつけられる。」
(4) 張麗玲（株式会社大富社長、東京在住 26 年）
「私たちは一般大衆なのだから、政治のことはわからないし、参加したいとも思わない。でも一般人として誰しも知る権利があります。もし一般人がみな中国の見方や、中日間の主張の違いを知ることができれば、情報が対等に現れた時、相手が挑発したのではないとわかるでしょう。」
(5) 丁寧（「日中市民共同声明」発起人、東京在住 17 年）
「日中両国は、小さな海で隔てられただけの隣国であり、長い交流と友好の歴史をもつ」、「しかしながら、最近の日中両国間の緊張関係は憂慮すべき事態である。お互いへの配慮を欠いた行動により誤解と憎しみがうまれ、これまで築いた関係を失っても、お互いになにも得るものもなければだれも幸せにはならない」、「中国と日本は、まるで離れきった2本の平行線のようだ。対話を通して、この2本の平行線を重ね合わせられる見込みはなくても、平行線の間の距離は縮められるかもしれない。」

出典：趙海成（2015）より作成。

　このように、環境や経験、日本への関心度によって、中国人の日本イメージは大きく異なっている。在中中国人はネガティブなイメージが強い。訪日中国人は訪日前に比べて訪日後は日本へのネガティブなイメージが縮小し、ポジティブなイメージが増大することになる。在日中国人は日本のことをよく知っており、ポジティブなイメージが強い。

注：

1)「伝」とは、中国の紀伝体史書の重要な構成項目で重要な人物や周辺の異民族などについて記述するもの。「列伝」ともいう。

2)「正史」とは、主に国家によって公式に編纂された王朝の歴史書のことである。『史記』から『明史』までの 24 史が代表的なものとして見られる。

3)「尖閣諸島」の中国名。

第 7 章

展望

第7章　展望

1．日本の人口及び旅行消費額の推移

　日本の総人口は 2008 年の 1 億 2,808 万人をピークに減少に転じ、2015 年 8 月 1 日現在、1 億 2,689 万人まで減った。国立社会保障・人口問題研究所の推計によると、2020 年に 1 億 2,410 万人、2030 年に 1 億 1,662 万人、2040 年に 1 億 728 万人、2050 年に 9,708 万人、2060 年には 8,674 万人にまで減少する（図表 7-1）。人口減少の最大の原因は言うまでもなく少子化であるが、1982 年から子どもの数は 35 年連続で減少し、2016 年 4 月 1 日現在、15 歳未満の子どもの数は 1,605 万人で前年に比べ 15 万人少なくなり、1950 年以降で過去最低を記録した（朝日新聞 2016 年 5 月 5 日）。同時に「超高齢化」の大波が押し寄せており、総人口に占める 65 歳以上の高齢者の比率（高齢化率）は 2010 年の 23.0％から、2020 年に 29.1％、2030 年に 31.6％、2040 年に 36.1％、2050 年に 38.8％と急速に上昇し、2060 年には 39.9％で 4 割を占めることになると予測されている（図表 7-1）。

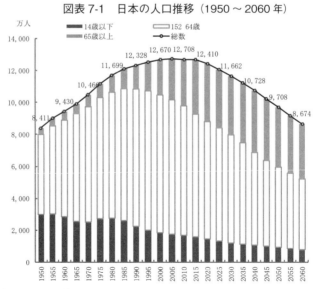

図表 7-1　日本の人口推移（1950～2060 年）

出典：2010 年までは総務省「国勢調査」（年齢不詳人口を除く）、2015 年以降は国立社会保障・人口問題研究所「日本の将来推計人口（平成 24 年 1 月推計）」（出生中位・死亡中位推計）より作成。

第 7 章 展望　117

　少子化と超高齢化の同時進行、急激な人口減少は日本にさまざまな問題をもたらしてしまい、観光分野も例外ではない。図表 7-2 は国民の 1 人当たり国内宿泊旅行回数及び宿泊数の推移を示しているが、1 人当たり国内宿泊旅行回数は 2005 年の 1.78 回から 2014 年に 1.26 回へ、1 人当たり宿泊数は 2005 年の 2.92 泊から 2014 年に 2.06 泊へと両方とも大きく減少していることがわかる。そればかりではなく、日本国内延べ旅行者数（国内宿泊旅行と日帰り旅行の合計）は 2010 年の 6 億 3,159 万人から 2014 年に 5 億 9,522 万人に減少し、その以降も減少していく傾向となると予測されている。国内旅行消費額（国内宿泊旅行と日帰り旅行の合計）も 2010 年の 20.4 兆円から 2014 年に 2014 年に 18.5 兆円に減少し、その以降も減少していく傾向となると予測されている（図表 7-3）。

図表 7-2　日本国内宿泊旅行回数及び宿泊数の推移（2005 ～ 2014 年）

出典：観光庁資料より作成。

　訪日外国人旅行者の拡大によるインバウンド消費は年々増加しているが、その日本国内の旅行消費総額に占める割合はまだ数パーセントと非常に低いレベルにとどまっており、他の先進国の数十パーセント程度と比べると、今後の成長の余地が大きいと考えられる。例えば、2013 年時点で外国人旅行消費は 1.7 兆円で日本国内における旅行消費額全体の 7％を占めているが、諸外国のそれを見ると、オーストラリア 52％（2009 年）、

ニュージーランド43%（2010年）、スペイン42%（2009年）、スウェーデン34%（2010年）、フランス30%（2009年）となっている（野村総合研究所2015「中国人訪日旅行者の実態とニーズ①」）。

図表7-3　日本国内延べ旅行者数及び国内旅行消費額の推移（2010～2020年）

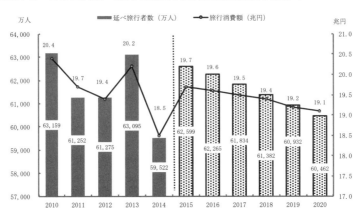

注：2010～2014年は観光庁「旅行・観光消費動向調査」による。2015年以降は観光庁が2013年の値及び日本の将来推計人口（国立社会保障・人口問題研究所）を基に算出したものである。
出典：観光庁資料より作成。

　2016年3月に開催された第2回「明日の日本を支える観光ビジョン構想会議」において、日本政府は、観光は、地方創生への切り札であり、GDP600兆円達成への成長戦略の柱であるとしたうえ[1]、「観光先進国」という新たな高みを実現するために、さまざまな数値目標を設定した（図表7-4）。訪日外国人旅行者数については、2020年に4,000万人、2030年に6,000万人を達成するなど、従来の目標を大幅に前倒しした。新たな目標を実現するために必要なこととして、①日本の豊富で多様な観光資源を、誇りを持って磨き上げ、その価値を日本人にも外国人にもわかりやすく伝えていくこと、②観光の力で、地域に雇用を生み出し、人を育て、国際競争力のある生産性の高い観光産業へと変革していくこと、③CIQや宿泊施設、通信・交通・決済等といった受入環境整備を早急に進める。あわせて、高齢者や障がい者等を含めたすべての旅行者が「旅の喜び」を実感できるような社会を築いていくこと、などが挙げられている（明日の日本を支える観光ビジョン構想会議2016）。日本政府における観光立国

第7章　展望　　119

に向けた取組は新たな段階に入ったと感じられる。

図表7-4　「観光先進国」に向けての新たな目標

	2020年	2030年
訪日外国人旅行者数	4,000万人 [(1)]	6,000万人 [(2)]
訪日外国人旅行消費額	8兆円 [(3)]	15兆円
地方部 (3大都市圏以外) での外国人延べ宿泊数	7,000万人泊	1億3,000万人泊
外国人リピーター数	2,400万人	3,600万人
日本人国内旅行消費額	21兆円	22兆円

注：(1) 従来目標は2020年2,000万人。
　　(2) 従来目標は2030年3,000万人。
　　(3) 従来目標は2,000万人が訪れる年に4兆円。
出典：明日の日本を支える観光ビジョン構想会議 (2016)「明日の日本を支える観光ビジョン (案)」。

2.　アジア諸国の人口及び所得等の推移

　2015年7月30日現在、世界全体の人口は73.49億人となっているが、このうちアジア地域の人口は43.93億人で世界総人口の59.8％を占めている[2]（矢野恒太記念会『世界国勢図会2015/16』、p.50）。また、アジアにおける人口増加の勢いはこれからも継続し、2020年には約46億人になると見込まれている（図表7-5）。

　中国は世界第1位の人口大国であり、2015年7月30日現在13億7,605万人で世界総人口の18.7％を占めており（矢野恒太記念会『世界国勢図会2015/16』、p.53）、今後もしばらくの間増加し、2020年には14億人を超える見込みである。インドは2015年7月30日現在現在13億1,105万人で世界総人口の17.8％を占めて世界第2位であるが（矢野恒太記念会『世界国勢図会2015/16』、p.52）、近い将来は中国を追い抜いて世界一になり、さらに増え続け、17億人に向かう。アジア主要国の人口は中国とタイを除いて2050年までに増えていくと予測されている（図表7-6）。

図表 7-5　アジアの人口推移（2010 ～ 2050 年、100 万人）

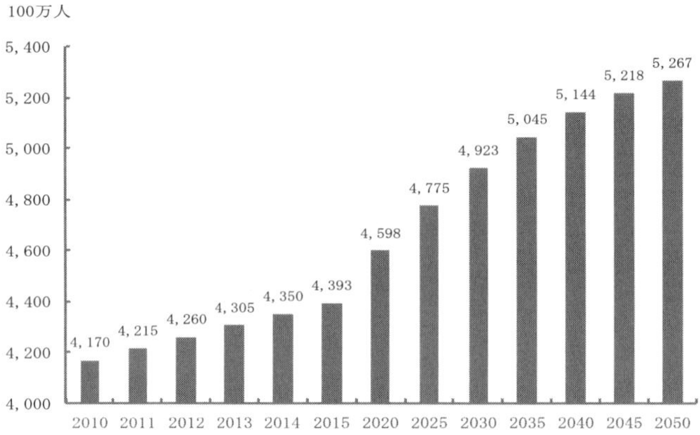

100万人

年	人口
2010	4,170
2011	4,215
2012	4,260
2013	4,305
2014	4,350
2015	4,393
2020	4,598
2025	4,775
2030	4,923
2035	5,045
2040	5,144
2045	5,218
2050	5,267

出典：総務省統計局『世界の統計』2015 年版より作成。

図表 7-6　アジア主要国の人口推移（2010 ～ 2050 年、千人）

	2010 年	2020 年	2030 年	2040 年	2050 年
中国	1,340,969	1,402,848	1,415,545	1,394,715	1,348,056
インド	1,230,985	1,388,859	1,527,658	1,633,728	1,705,333
インドネシア	241,613	271,857	295,482	312,439	322,237
パキスタン	170,044	208,437	244,916	278,987	309,640
バングラデシュ	151,617	170,467	186,460	197,134	202,209
フィリピン	93,039	108,436	123,575	137,020	148,260
ベトナム	88,358	98,157	105,220	109,925	112,783
タイ	66,692	68,581	68,250	66,190	62,452

出典：総務省統計局『世界の統計』2015 年版より作成。

　アジア諸国における経済成長もめざましいものである。2010 年、中国
の GDP が日本のそれを抜いて世界第 2 位の経済大国となったが、2014
年になると日本の名目 GDP は 4.769 兆ドルであり、中国のそれが 10.355
兆ドルである。日本の GDP は中国のそれの約 45％となったのである（朽
木昭文 2015）。日本を含む先進諸国経済の停滞とは対照的に、アジア新
興国の経済は活況を呈しており、その勢いがしばらくの間継続するものと
見込まれている。2014 年の 1 人当たり GDP で見ると、中国は日本の約
5 分の 1、インドは日本の約 22 分の 1 にすぎない。中国とインドをはじ
めとするアジアの成長余地は大きいと見られている（朽木昭文 2015）。

急速な経済成長を背景に、アジア及びアフリカの新興国において、日本の 1960 年代と同様に、中間層と言われる大量の消費者層が誕生し拡大してきており、その規模は 2015 年の 19.5 億人から 2020 年に 21.5 億人、2025 年に 22.8 億人、2030 年には 23.6 億人へと拡大すると見込まれている。増大する中間層（家計所得 5,000 ～ 35,000 米ドル）のうち上位 3 カ国は中国、インド、インドネシアとなっており、3 カ国で約 8 割を占めている（図表 7-7）。

図表 7-7　増大する中間層上位 3 カ国（2010 ～ 2030 年、億人）

	2010 年	2015 年	2020 年	2025 年	2030 年
中国	6.4	7.2	7.5	7.4	7.0
インド	5.5	6.7	7.8	8.8	9.6
インドネシア	1.2	1.5	1.7	1.7	1.8
その他	3.5	4.1	4.6	4.9	5.3
合計	16.6	19.5	21.5	22.8	23.6

注：合計は中国、インド、インドネシア、エジプト、パキスタン、タイ、フィリピン、アルジェリア、南アフリカ、モロッコ、ナイジェリア、マレーシア、ベトナム、チュニジア、ケニアの 15 カ国の合計である。
出典：経済産業省貿易経済協力局通商金融・経済協力課編（2012）より作成。

所得の上昇に伴って、アジア新興国を中心に、海外旅行者数はこれからも継続して増えていくに違いない。世界観光機関（UNWTO）「Tourism 2020 Vision」によると、全世界では、2010 年に 10 億 600 万人の観光客数であったが、2020 年にはその 1.5 倍の 15 億 6,100 万人に増加すると予測される。最も伸びの速い地域は東アジア・太平洋で 2010 年の 1 億 9,500 万人から 2020 年に 3 億 9,700 万人（伸び率 103.6％）という（村山慶輔 2015、p.19）。

中国市場の拡大が最も期待に値する一方、それを実現するにはさまざまな課題があると考えられる。図表 7-8 を見てわかるように、急速な所得の上昇と高所得層、中間層の拡大に伴い、中国の海外旅行者数は年々急増し、2015 年には日本の総人口に匹敵するほどの 1 億 2 千万人まで達している。そのうち、訪日中国旅行者数は 499.4 万人で訪日外国人旅行者全体の 25％を超え、つまり訪日外客の「4 人に 1 人は中国人」と言われてきているが、その中国人海外旅行者総数に占める割合はわずか 4 パーセントにすぎないのである。

図表 7-8　中国における所得の上昇と海外旅行者の増加等（2010 〜 2015 年）

	2010 年	2011 年	2012 年	2013 年	2014 年	2015 年
① GDP 成長率 (%)	10.1	9.0	7.2	7.2	6.8	
② 1 人当たり GDP(米ドル)	4,515	5,577	6,264	6,995	7,595	
③中間所得層 (5,000 〜 35,000 米ドル) 比率 (%)	49.8	57.4	61.7			
④高所得層 (35,000 米ドル以上) 比率 (%)	2.5	3.5	4.3			
⑤中国人出国者数 (万人)	5,784	7,025	8,318	9,819	11,659	12,000
⑥出国率 (出国者の総人口中の割合、%)	4.3	5.2	6.1	7.2	8.5	
⑦訪日中国人旅行者数 (万人)	141.3	104.3	142.5	131.4	240.9	499.4
⑧出国者中の訪日旅行者比率 (⑦/⑤、%)	2.5	1.5	1.7	1.3	2.1	

注：①②は 21 世紀中国総研編『中国情報ハンドブック』2015 年版による。③④⑥⑧は公益財団法人日本交通公社「旅行年報 2015」による。⑤は「JNTO 訪日旅行データハンドブック 2015」による。ただし、2015 年は朝日新聞 2016 年 2 月 24 日による。⑦は「JNTO 訪日旅行データハンドブック 2015」による。ただし、2015 年は日本政府観光局 (JNTO) 資料による。
出典：各種資料より作成。

図表 7-9　アジア各国・地域への中国人訪問者数の推移（2010 〜 2014 年、人）

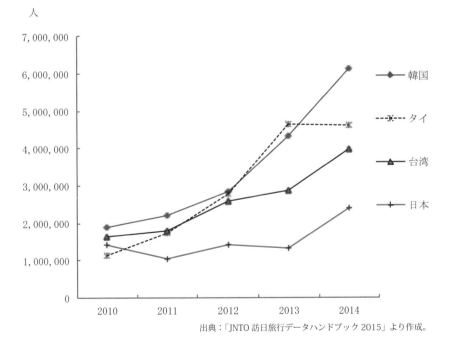

出典：「JNTO 訪日旅行データハンドブック 2015」より作成。

第7章　展望　123

　図表 7-9 を見てわかるように、アジア諸隣国・地域と比べても、香港や韓国、台湾、タイを訪問する中国人旅行者数は日本を大きく上回っている。2014 年を例に見ると、訪日中国人旅行者は 240 万人あまりとなっているが、香港へは 4,724 万人超、韓国へは 612 万人超、タイへは 462 万人超、台湾へは 398 万人超で、香港を除いても、日本は韓国、タイ、台湾との間に大きな差があるのである。

3. 訪日中国人旅行者拡大に向けての課題

　アジア諸国から訪日旅行者を誘致するためにはさまざまな課題があるが、ここでは特に訪日中国人旅行者の増加を図るための課題として以下の3つを挙げておく。

　第1は、ビザ発給についてである。インバウンドを促進するために、日本政府は外国人に対するビザ免除や要件の緩和を推進しており、特に経済成長の進む東南アジア各国に対して 2013 年以降大規模なビザ緩和が実施され、その結果、東南アジアからの観光客が急速に増えている[3]。アジア諸国・地域に限って見ると、2015 年時点でシンガポール、韓国、台湾、香港、マカオ、マレーシア、インドネシア、タイ、ブルネイに対してビザ免除、インド、カンボジア、フィリピン、ベトナム、ミャンマー、モンゴル、ラオスに対して数次ビザ発給を行っている[4]。中国にも 2011 年に沖縄訪問の旅行者、2012 年に東北 3 県（岩手、宮城、福島）訪問の旅行者を対象に数次ビザ発給が導入され、また 2015 年 1 月 19 日からその要件が緩和されたが、所得などについてさまざまな制限が設けられている（図表 7-10）。アジア諸国・地域の中でも中国に対するビザ発給は依然として厳しいものであり、さらなる緩和策が求められると考える。

図表 7-10　アジア諸国・地域に対するビザ発給要件の比較（2015 年）

ビザ免除	滞在期間 90 日	シンガポール、韓国、台湾、香港、マカオ、マレーシア
	滞在期間 15 日	インドネシア、タイ、ブルネイ
数次ビザ		インド、カンボジア、フィリピン、ベトナム、ミャンマー、モンゴル、ラオス

	中国
条件付き 数次ビザ	「中国人に対するビザ発給要件緩和」（2015 年 1 月 19 日運用開始、日本外務省） （1）商用目的の者や文化人・知識人に対する数次ビザ 　これまで求めていた日本への渡航歴要件の廃止や日本側身元保証人からの身元保証書等の書類要件を省略する。 （2）個人観光客の沖縄・東北 3 県数次ビザ 　これまでの「十分な経済力を有する者とその家族」のほか、新たに経済要件を緩和し、「一定の経済力を有する過去 3 年以内に日本への短期滞在での渡航歴がある者とその家族」に対しても、数次ビザを発給する。また、これまで家族のみでの渡航は認めていなかったが、家族のみの渡航も可能とする。これに伴い、滞在期間を 90 日から 30 日に変更する。 （3）相当の高所得者に対する個人観光数次ビザ 　新たに、「相当の高所得を有する者とその家族」に対しては、1 回目の訪日の際における特定の訪問地要件を設けない数次ビザ（有効期間 5 年、1 回の滞在期間 90 日）の発給を開始する。

出典：外務省資料より作成。

　第 2 は、リピーター率が低いことである。2015 年を例に見ると、訪日外国人全体の日本への来訪回数は「1 回目」41.3%、「2 回目」17.0%、「3 回目」9.7%、「4 〜 9 回目」18.2%、「10 回目以上」13.8% となっているのに対して、中国人の場合は「「1 回目」63.0%、「2 回目」14.7%、「3 回目」6.5%、「4 〜 9 回目」9.0%、「10 回目以上」6.8% でリピーターの割合が低くなっており、特に同じ中華圏の台湾、香港、シンガポールと比べるとリピーター率の低さが顕著である（図表 7-11）。訪日旅行の満足度を高め、リピーターを増加させることの必要性はどの国・地域に対しても言えるであろうが、訪日外客の量的、持続的な拡大と定着を図るには、中国人旅行者リピーター率を高めることは特に重要であると言えよう。そのための施策として、中国語による案内や標識の増加、インターネットにおいての中国語による情報発信、無料 WiFi をはじめとするインターネット環境の整備、低廉で良質な宿泊飲食施設の確保、銀聯カード対応の拡大、中国人向けの日本の観光資源と観光情報の宣伝、訪日旅行満足度の向上などが挙げられる。

第 7 章　展望　　125

図表 7-11　日本への来訪回数の比較（2015 年、%）

	外国人 全体	中国	台湾	香港	シンガ ポール	韓国
1 回目	41.3	63.0	20.7	18.1	29.6	32.5
2 回目	17.0	14.7	18.9	16.9	19.2	18.1
3 回目	9.7	6.5	13.0	12.0	13.8	10.8
4-9 回目	18.2	9.0	29.0	31.9	20.9	19.2
10 回目 以上	13.8	6.8	18.4	21.1	16.5	19.4
合計	100.0	100.0	100.0	100.0	100.0	100.0

出典：観光庁「訪日外国人の消費動向平成 27 年年次報告書」より作成。

　第 3 は、通訳案内士制度を含めた観光案内体制の整備である。訪日中国人旅行者は年々急増し、2015 年には 499.4 万人で訪日外国人全体の25.3％を占めるようになっているが、通訳案内士や中国語対応している旅行業者、店、施設などを含めた観光案内体制はまだ不十分であると考えられる。2015 年度の通訳案内士の合格者数と合格率を例に見ると、中国語通訳案内士受験者 1,200 のうち、合格者がわずか 86 人である。中国語の合格率が 7.2％で、英語の 21.5％と全言語平均の 19.3％より大きく下回っている。言語別に見た通訳案内士の構成は英語が 67.8％と 3 分の2 を占めているのに対して、訪日客数トップの中国や台湾、香港らの中国語は 12.0％しかいない。それを背景に、「アジア（特に中国）からの格安ツアーにおいて、添乗員が旅行者を特定のおみやげ屋等に案内し、人気化粧品等を市中よりも不当に高額な値段で、又は、効用の真偽の不明な薬品を購入させ、業者からのキックバックにより多額の利益を得ている問題が顕在化」など、違法・不当な旅行案内が増えている（観光庁「通訳案内士を巡る状況及び今後の対応について」2015 年 12 月 24 日、http://www.mlit.go.jp/kankocho）。通訳案内士や旅行業者、ツアーオペレーターのあり方に関する検討を含めて、観光案内体制の充実、改善が急務であると考える。

図表 7-12　言語別通訳案内士受験者数及び合格者数（2015 年）

言語	受験者数（人）	合格者数（人）	合格率（%）
英語	8,491	1,822	21.5
フランス語	321	71	22.1
スペイン語	235	43	18.3
ドイツ語	99	24	24.2
中国語	1,200	86	7.2
イタリア語	80	4	5.0
ポルトガル語	72	15	20.8
ロシア語	103	10	9.7
韓国語	323	40	12.4
タイ語	51	4	7.8
合計	10,975	2,119	19.3

出典：日本政府観光局（JNTO）資料より作成。

　日本政府は 2020 年に訪日外国人旅行者数を 2015 年の約 2 倍の 4,000 万人、訪日外国人旅行消費額も 2015 年の 2 倍超の 8 兆円との目標を打ち出した。過去の経験を見ると、2012 年から 2015 年の 3 年間で訪日外国人旅行者数は 836 万人から 2 倍増の 1,974 万人に、訪日外国人旅行消費額は 1 兆 846 億円から 3 倍増の 3 兆 4,771 億円になっており、2020 年向けの新たな目標は決して難しいものではないと言えよう。

　2015 年、訪日外国人旅行者数と訪日外国人旅行消費額に占める中国の割合はそれぞれ 25.3％と 40.8％に達し、その存在感に世の注目が集まってきた。「爆買い」の 2015 年が終わって 2016 年に入っても、訪日中国人の勢いが全く衰えていない。統計によると、2016 年 1-3 月期、訪日中国人は前年同期比 59.4％の 147 万 2 千人で訪日外国人全体（575 万 2 千人）の 25.6％を占め、訪日中国人旅行消費額は前年同期比 40.6％の 3,901 億円で訪日外国人旅行消費総額（9,305 億円）の 41.9％を占めており、中国人 1 人当たり旅行消費額は 26 万 4,997 円で外国人平均の 16 万 1,746 円を大きく上回っている（観光庁「訪日外国人消費動向調査　平成 28 年 1-3 月期の調査結果（速報）」）。中国人旅行者は訪日外客市場における牽引役になっていると言えよう。

　訪日中国人旅行者数は訪日外国人旅行者数全体の 25％前後を占めるようになっているが、それは中国の海外旅行者数全体のわずか数パーセント

第 7 章 展望 127

にすぎないと上述した。そういう意味では、訪日中国人旅行者の拡大はまだこれからであると言える。インバウンド観光に関する新たな目標の実現のカギは訪日中国人観光客の誘致にあると考える。

注：

1) 日本政府はアベノミクス第 2 ステージとして、名目 GDP600 兆円を 2020 年頃に達成することを目標に掲げている。ちなみに日本の名目 GDP は最近 10 年間、500 兆円前後で推移しており、2014 年度は約 490 兆円であった。

2) 次いでアフリカ 16.1％、ヨーロッパ 10.0％、ラテンアメリカ 8.6％、北アメリカ 4.9％、オセアニア 0.5％の順である。

3) 例えば、外務省の資料によると、ビザ免除・緩和された後、諸国訪日旅行者数の対前年比は、タイは 2013 年 74.0％、2014 年 45.0％、マレーシアは 2013 年 35.6％、2014 年 41.4％、インドネシアは 2013 年 34.8％、2014 年 16.0％、フィリピンは 2013 年 27.4％、2014 年 70.0％、ベトナムは 2013 年 53.1％、2014 年 47.1％、インドは 2013 年 9.0％、2014 年 17.1％となっている。

4) 数次ビザとは有効期限が切れるまで何度でも入国可能なビザのことである。

参考文献

明日の日本を支える観光ビジョン構想会議（2016）「明日の日本を支える観光ビジョン（案）」http://www.kantei.go.jp

伊藤雅雄（2015）『インバウンドの聖地50選』キョーハンブックス

岩田昭男（2015）『訪日外国人集客の法則』徳間書店

王文亮（2001）『中国観光業詳説』日本僑報社

加藤弘治（2015）『観光ビジネス未来白書　2015年版』同友館

観光庁『観光白書 平成27年版』日経印刷

観光庁「訪日外国人の消費動向平成26年年次報告書」http://www.mlit.go.jp/kankocho

観光庁「訪日外国人の消費動向平成27年年次報告書」http://www.mlit.go.jp/kankocho

観光庁「訪日外国人消費動向調査平成27年（2015年）年間値（確報）」http://www.mlit.go.jp/kankocho

観光庁「訪日外国人消費動向調査平成28年1-3月期の調査結果（速報）http://www.mlit.go.jp/kankocho

朽木昭文（2015）「ASEAN経済共同体の成立と日本の4本柱国際協力」亜細亜大学『アジア研究所所報』第161号、2015.12.15

経済産業省貿易経済協力局通商金融・経済協力課編（2012）『新中間層獲得戦略』経済産業調査会

公益財団法人日本交通公社「旅行年報2015」日本交通公社

国土交通省近畿運輸局（2015）「インバウンド観光の現況」http://www.maff.go.jp

坂本剛（2015）『訪日外国人集客・販売ガイド』中央経済社

ジャパンショッピングツーリズム協会（2015）『訪日外国人インバウンド市場攻略の鉄則』日本経済新聞出版社

徐向東（2011）『中国人観光客を呼び込む必勝術―インバウンドマーケティングの実践』日刊工業新聞社

徐向東（2015）『「爆買い」中国人に売る方法―これが正しいインバウンド消費攻略』日本経済新聞出版社

水津陽子（2014）『日本人だけが知らない「ニッポン」の観光地』日経BP社

鈴木俊博（2015）『稼げる観光：地方が生き残り潤うための知恵』ポプラ社

総務省統計局『世界の統計2015』日本統計協会

高井典子・赤堀浩一郎（2014）『訪日観光の教科書』創成社

中国研究所『中国年鑑』各年版

中国国家統計局『中国統計摘要2015』中国統計出版社

中国旅遊研究院（2016）『2015年中国旅遊経済運行分析与2016年発展予測』中国旅遊出版社

中国旅遊研究院（2015）『中国出境旅遊発展年度報告2015』旅遊教育出版社

趙海成（2015）『それでも私たちが日本を好きな理由』CCCメディアハウス

張兵（2014）『進化する中国の改革開放と日本』時潮社

寺島実郎（2015）『新・観光立国論―モノづくり国家を超えて』NHK出版

中島恵「出国者数1億人突破！「爆買い中国人」は、いま何を買っているか」PRESIDENT 2015年10月19日号 http://president.jp

中島恵（2015a）『「爆買い」後、彼らはどこに向かうのか？』プレジデント社

中島恵（2015b）『なぜ中国人は日本のトイレの虜になるのか？』中央公論新社

中村好明（2015）『観光立国革命』カナリアコミュニケーションズ

21世紀中国総研編（2014）『中国の省・市・自治区経済』蒼蒼社

21世紀中国総研編（2015）『中国情報ハンドブック［2015年版］』蒼蒼社

日本観光振興協会（2015）『数字でみる観光［2015年度版］』日本観光振興協会

日本経済新聞社産業地域研究所（2010）『中国人インバウンド調査』日本経済新聞社

日本文芸社（2015）『インバウンド・ツーリズム ハンドブック』日本文芸社

日本政府観光局「JNTO訪日旅行データハンドブック2015」http://www.jnto.go.jp

日本百貨店協会「外国人観光客売上高・来店動向（速報）」http://www.depart.or.jp

野村総合研究所 2015 年 10 月「中国人訪日旅行者の実態とニーズ①」https://www.nri.com
武安隆・熊達雲（1989）『中国人の日本研究史』六興出版
村山慶輔（2015）『訪日外国人観光ビジネス入門講座』翔泳社
牧野知弘（2015）『インバウンドの衝撃—外国人観光客が支える日本経済』祥伝社
毛丹青・蘇静・馬仕睿（2015）『 知日 なぜ中国人は、日本が好きなのか！』潮出版社
矢野恒太記念会『世界国勢図会 2015/16』公益財団法人矢野恒太記念会
GMO リサーチホームページ（https://www.gmo.jp）
Record China（http://www.recordchina.co.jp）
「恋する中国」（http://www.togenkyo.net）
観光庁ホームページ（http://www.mlit.go.jp/kankocho）
外務省ホームページ（http://www.mofa.go.jp）
言論 NPO ホームページ（http://www.genron-npo.net）
国土交通省ホームページ（http://www.mlit.go.jp）
国立社会保障・人口問題研究所ホームページ（http://www.ipss.go.jp）
首相官邸ホームページ（http://www.kantei.go.jp）
春秋航空日本ホームページ（http://jp.ch.com）
新浪微博ホームページ（http://blog.sina.com.cn）
新浪網（http://www.sina.com.cn）
スマート観光推進機構ホームページ（http://www.smartkanko.com）
世界経済のネタ帳（http://ecodb.net）
総務省ホームページ（http://www.soumu.go.jp）
日本政府観光局（JNTO）ホームページ（http://www.jnto.go.jp）
中日新聞ホームページ（http://www.chunichi.co.jp）
旅情中国ホームページ（http://www.chinaviki.com）

■著者紹介
張 兵（ちょうへい）

山梨県立大学国際政策学部教授。中国山東省生まれ。曲阜師範大学文学部史学科卒業。河南大学大学院歴史学研究科修士課程、大阪府立大学大学院経済学研究科博士課程修了。経済学博士。国家資格通訳案内士。
主な著書に、『中国語ポケット百科』（白帝社）、『中国の地域政策の課題と日本の経験』（晃洋書房）、『図説アジアの地域問題』（時潮社）、『進化する中国の改革開放と日本』（時潮社）、『中国の"穴場"めぐり』（共著、日本僑報社）など多数。

訪日中国人から見た中国と日本 ―インバウンドのあり方―
2016年9月22日　初版第1刷発行
2018年3月26日　　　第2刷発行

著　者　張 兵（ちょうへい）
発　行　段 景子
発行所　株式会社 日本僑報社
　　　　〒171-0021 東京都豊島区西池袋3-17-15
　　　　TEL03-5956-2808　FAX03-5956-2809
　　　　info@duan.jp
　　　　http://jp.duan.jp
　　　　中国研究書店 http://duan.jp

©Zhang Bing 2016　　Printed in Japan.　　ISBN 978-4-86185-219-0

日本僑報社のおすすめ書籍

日本語と中国語の落し穴
用例で身につく「日中同字異義語100」
久佐賀義光 著　王達 監修
1900円+税
ISBN 978-4-86185-177-3

中国語学習者だけでなく一般の方にも漢字への理解が深まり話題も豊富に。

日中文化DNA解読
心理文化の深層構造の視点から
尚会鵬 著　谷中信一 訳
2600円+税
ISBN 978-4-86185-225-1

中国人と日本人の違いとは何なのか？文化の根本から理解する日中の違い。

日本の「仕事の鬼」と中国の〈酒鬼〉
漢字を介してみる日本と中国の文化
冨田昌宏 編著
1800円+税
ISBN 978-4-86185-165-0

ビジネスで、旅行で、宴会で、中国人もあっと言わせる漢字文化の知識を集中講義！

中国漢字を読み解く
～簡体字・ピンインもらくらく～
前田晃 著
1800円+税
ISBN 978-4-86185-146-9

中国語初心者にとって頭の痛い簡体字をコンパクトにまとめた画期的な「ガイドブック」。

日本語と中国語の妖しい関係
～中国語を変えた日本の英知～
松浦喬二 著
1800円+税
ISBN 978-4-86185-149-0

「中国語の単語のほとんどが日本製であることを知っていますか？」という問いかけがテーマ。

病院で困らないための日中英対訳
医学実用辞典
松本洋子 著
2500円+税
ISBN 978-4-86185-153-7

海外留学・出張時に安心
医療従事者必携！
指さし会話集&医学用語辞典。
16年続いたロングセラー！

日中中日翻訳必携・実戦編III
美しい中国語の手紙の書き方・訳し方
千葉明 著
1900円+税
ISBN 978-4-86185-249-7

日中翻訳学院の名物講師武吉先生が推薦する「実戦編」の第三弾！

日中中日翻訳必携・実戦編II
脱・翻訳調を目指す訳文のコツ
武吉次朗 著
1800円+税
ISBN 978-4-86185-211-4

「実戦編」の第二弾！全36回の課題と訳例・講評で学ぶ。

日中中日翻訳必携・実戦編
よりよい訳文のテクニック
武吉次朗 著
1800円+税
ISBN 978-4-86185-160-5

実戦的な翻訳のエッセンスを課題と訳例・講評で学ぶ。

日中中日 翻訳必携
翻訳の達人が軽妙に明かすノウハウ
武吉次朗 著
1800円+税
ISBN 978-4-86185-055-4

古川裕（中国語教育学会会長・大阪大学教授）推薦のロングセラー。

日本僑報社のおすすめ書籍

中国集団指導体制の「核心」と「七つのメカニズム」
習近平政権からの新たな展開
胡鞍鋼、楊竺松 著
安武真弓 訳
1900 円＋税
ISBN 978-4-86185-245-9

第19回党大会で決定される中国新体制の重要点を理解するための必読書！

習近平政権の新理念
人民を中心とする発展ビジョン
胡鞍鋼、鄢一龍、唐嘯 他著
日中翻訳学院 訳
1900 円＋税
ISBN 978-4-86185-233-6

中国「党大会」で決定の新ガイドラインを清華大学教授・胡鞍鋼氏が解明。

SUPER CHINA
- 超大国中国の未来予測 -
胡鞍鋼 著　小森谷玲子 訳
2700 円＋税
ISBN 978-4-9909014-0-0

2020年にはGDP倍増という急速な発展、中国は一体どのような大国になろうとしているのか。

中国の百年目標を実現する
第13次五カ年計画
胡鞍鋼 著　小森谷玲子 訳
1800 円＋税
ISBN 978-4-86185-222-0

中国「国情研究」の第一人者である有力経済学者が読む"中国の将来計画"。

中国のグリーン・ニューディール
「持続可能な発展」を超える「緑色発展」戦略とは
胡鞍鋼 著
石垣優子・佐鳥玲子 訳
2300 円＋税
ISBN 978-4-86185-134-6

エコロジーと経済成長。経済危機からの脱出をめざす中国的実践とは？

習近平主席が提唱する新しい経済圏構想
「一帯一路」詳説
王義桅 著　川村明美 訳
3600 円＋税
ISBN 978-4-86185-231-2

習近平国家主席が提唱する経済圏構想「一帯一路」について多角的に解説。

中国政治経済史論
―毛沢東時代（1949～1976）
胡鞍鋼 著　日中翻訳学院 訳
16000 円＋税
ISBN 978-4-86185-221-3

新中国建国から文化大革命まで、毛沢東時代の功罪と中国近代化への道を鋭く分析した渾身の大作。

対中外交の蹉跌
- 上海と日本人外交官 -
片山和之 著
3600 円＋税
ISBN 978-4-86185-241-1

現役上海総領事による、上海の日本人外交官の軌跡。近代日本の事例に学び、今後の日中関係を考える。

李 徳全
日中国交正常化の「黄金のクサビ」を打ち込んだ中国人女性
程麻・林振江 著
林光江・古市雅子 訳
1800 円＋税
ISBN 978-4-86185-242-8

戦犯とされた日本人を無事帰国。日中国交正常化18年前の知られざる秘話。

二階俊博
―全身政治家―
石川好 著
2200 円＋税
ISBN 978-4-86185-251-0

今なお進化と深化を続ける二階俊博。「全身政治家」の本質と人となりに鋭く迫る最新版本格評伝。

日本僑報社のおすすめ書籍

第13回 中国人の日本語作文コンクール受賞作文集
日本人に伝えたい中国の新しい魅力
―日中国交正常化45周年・中国の若者からのメッセージ
段躍中 編著
2000円+税
ISBN 978-4-86185-252-7
好評シリーズ
毎年12月刊行！

忘れられない中国留学エピソード
难忘的中国留学故事
日中対訳
近藤昭一、西田実仁 他 共著
2600円+税
ISBN 978-4-86185-243-5

日本人のリアル中国滞在模様を届ける新シリーズ
毎年12月刊行！

学生懸賞論文集シリーズ
若者が考える「日中の未来」Vol.4
日中経済とシェアリングエコノミー
宮本雄二(元中国大使) 監修
日本日中関係学会 編
3000円+税
ISBN 978-4-86185-256-5
毎年3月刊行！

必読！いま中国が面白いシリーズ Vol.11
一帯一路・技術立国・中国の夢……いま中国の真実は
三潴正道 監訳 而立会 訳
1900円+税
ISBN 978-4-86185-244-2
毎年7月刊行！

ジイちゃん、朝はまだ？
438gのうまれ・そだち・いけん
いわせかずみ 著
1800円+税
ISBN 978-4-86185-238-1

438グラムの「ちいさな命」を見つめ続けたジイちゃんの5年間。感動のドキュメント小説。

悩まない心をつくる人生講義
―タオイズムの教えを現代に活かす―
チーグアン・ジャオ 著
町田晶(日中翻訳学院) 訳
1900円+税
ISBN 978-4-86185-215-2

無駄に悩まず、流れに従って生きる老子の人生哲学を、現代人のため身近な例を用いて分かりやすく解説。

日中友好会館の歩み
隣国である日本と中国の問題解決の好事例
村上立躬 著
3,800円+税
ISBN 978-4-86185-198-8

中曽根康弘元首相、唐家璇元国務委員推薦！。日中の問題解決の好事例。

永遠の隣人
人民日報に見る日本人
孫東民、于青 主編
段躍中 監訳 横堀幸絵他 訳
4600円+税
ISBN 978-4-931490-46-8

日中国交正常化30周年を記念し、人民日報の駐日記者たちの記事を一冊に。

海老名香葉子さん推薦！ 豊子愷(ほうしがい) 児童文学全集 全7巻 各1500円+税

978-4-86185-190-2

978-4-86185-193-3

978-4-86185-195-7

978-4-86185-192-6

978-4-86185-194-0

978-4-86185-232-9

978-4-86185-191-9

日本僑報社のおすすめ書籍

『日本』って、どんな国？
初の【日本語作文コンクール】世界大会

世界54カ国・地域の5,141人の応募作品より
選ばれた「入賞作文」101人からのメッセージ

大森和夫・弘子（国際交流研究所）編著
1900円＋税　ISBN 978-4-86185-248-0

中国人がいつも大声で喋るのはなんでなのか？
中国若者たちの生の声 シリーズ⑧
第8回 中国人の日本語作文コンクール受賞作品集

段躍中 編
2000円＋税　ISBN 978-4-86185-140-7

来た！見た！感じた!! ナゾの国 おどろきの国 でも気になる国 日本
誤解も偏見も一見にしかず！
中国人ブロガー22人の「ありのまま」体験記

中国人気ブロガー招へいプロジェクトチーム 編著
2400円＋税　ISBN 978-4-86185-189-6

中国人の価値観
―古代から現代までの中国人を把握する―
伝統的価値観と現代中国の関係とは？
国際化する日本のための必須知識

宇文利 著　重松なほ 訳
1800円＋税　ISBN 978-4-86185-210-7